# SURFING
### 서핑 처치: 파도 타는 교회

제레미 윤

# CHURCH

ikp

THE LORD ON

IS MIGHTIER

THAN THE NOISE OF

WATERS

추천의 글

2024년 여름, 전국에서 양양 바닷가로 모인 크리스천 서퍼들과
서퍼들의 새로운 문화를 만들고자 했던 자리에 저도 함께 '빈티지
셀러'로 참가했었습니다. 찬양하고 예배하는 서퍼들과 함께
양양의 주민들이 자연스럽게 어우러졌던 하루는 서핑으로 세워진
근사한 팝업처치의 이미지입니다. 저도 바다에서 파도를 타듯
"복음과 말씀"의 물결에 주님과 함께 올라타는 "소울 서퍼"의 삶을
상상해봅니다.

김성규 목사(인비져블처치, 바이블 트레킹 저자)

저의 막내 아들은 뉴질랜드 바닷가에서 서핑을 하다가 제레미를 만났고, 두 사람은 서핑 버디가 되었습니다. 제 아들이 더 능숙한 서퍼가 되듯이, 하나님을 더 사랑하는 아들이 되기를 소망합니다. 예수께서 갈릴리 바닷가에서 베드로와 안드레, 야고보와 요한을 제자로 부르시고, 부활 후 갈릴리 바닷가로 제자들을 찾아가신 것처럼, 오늘날도 바닷가로 몰려드는 10대, 20대를 찾아가 친구가 되고, 이들을 주께로 인도하는 서핑 처치가 왕성하기를 소망합니다.

"여러 사람에게 내가 여러 모양이 된 것은 아무쪼록 몇몇 사람들을 구원코자 함이니"(고전 9:22)

양승봉, 전 네팔, 베트남 의료선교사

'그리스도 예수와 제레미 윤이 꿈꾸는 파도 타는 이야기'

처음 뉴질랜드에서 제레미 윤과 이혜원 사모를 만났을 때부터 그들 안에 있는 뜨거운 불이 보였다. 조금만 살피면 누구나 알아채릴 수 있는 것이었지만 사람들은 모르는 것 같았다. 그때부터 이들을 사랑할 수 있었다. 이들이 주님을 사랑하는 마음과 순수를 보았기 때문이다.

그리고 한국으로 와 신학을 공부할 때 전도사로 함께 꿈이있는교회와 사역하면서 더 구체적으로 그 안에 존재하는 꿈과 불을 느낄 수 있었다. 그리고 교회 사역과 함께 대학을 다니며 복음전도집회를 하고 함께 말씀과 찬양을 나누는 시간은 정말 행복한 순간들이었다.

그런데 제레미 윤이 늘 보고 있었던 것은 저기 다가오는 파도였다. 어느 날 그가 그 파도를 타고 세상을 만나고 많은 영혼을 살리는 꿈을 얘기할 때마다 덩달아 나도 흥분하지 않을 수 없었다. 그리고 동해 바다에서 65세의 나는 함께 서핑을 할 수 있었다. 그때 서핑을 배우고 그 바다 위 보드에 앉아 같이 바다를 바라보던 흥분은 잊을 수 없다.

**SURFING CHURCH**

분명 제레미 윤이 꾸는 하나님의 파도를 타는 꿈은 온전히 열매를 맺을 것이다. 하나님이 원하시는 일이기 때문이다. 만일 오늘 예수가 우리에게 온다면 저기 바다로 서핑 보드를 들고 가실 것이다. 그 옆에 보드를 들고 걸어가는 제레미 윤과 이 땅의 청년들을 꿈꾼다.

그러므로 이 책은 그리스도 예수와 제레미 윤이 꿈꾸는 파도 타는 이야기, 세상을 만나는 놀라운 방법을 볼 수 있을 것이다. 그리고 환호하며 같이 하고 싶을 것이다. 그 꿈을 꾼다.

하정완 목사(꿈이있는교회 담임)

여는 글

# JOURNEY
## 주말 새벽이면 시작되는 여정

**서퍼들은 일찍 잠듭니다**

다음 날 새벽, 서퍼들을 가득 태운 승합차는 파도가 있는 해변으로 훌쩍 떠납니다. 여행 준비는 이미 하루 전에 가볍게 해 두었습니다. 출발하는 새벽, 공기는 차갑습니다. 하지만 차 안은 오히려 뜨겁습니다. 바닷가에서 만날 사람들과 파도 위에서 함께 보낼 시간을 기대하며 차 안은 더욱 뜨거워집니다. 복음의 열기로 가득 찹니다.

출근길 교통은 이런 서퍼들의 마음을 붙잡을 뿐입니다. 그래서 늘 새벽 미명에 떠납니다. 동서남북 멀리서 서핑 처치를 기대하며 달려오고 있을 강습생들을 위해 부지런히 인제-양양 터널을 달립니다.

도착한 양양의 아름다운 새벽, 파도가 반갑게 맞아줍니다. 그리고 그 곳에 늘 계시던 하나님을 만납니다. 그렇게 크리스천 서퍼들은 '파도 타는 교회'로 새벽부터 삶의 예배를 드립니다. 주께서 새벽 동산을 거닐며 하루를 아버지께 드리셨던 것처럼 말입니다.

**새로운 형식의 새벽예배**

새벽 4시 미명에 커피를 준비하며 서핑 처치의 새벽 예배가 시작됩니다. 어느새 서핑 버디가 된 강습생 친구들을 만나 향긋한 커피를 나누며 따뜻하게 인사합니다. 그렇게 서로를 환영하며 만나는 그곳에서 새로운 형식의 새벽 예배가 열립니다. "서로 사랑하라"는 말씀은 이곳 바닷가 예배의 시작이자 중심입니다. 형식에 상관없이 우리가 서로 사랑할 때 성령께서 함께하시는 예배가 되기 때문입니다.

바닷가에는 파이프 오르간도 없고 촛대도 없습니다. 예배의 시작을 알리는 십자가 종소리나 성가대의 묵도 찬양, 그리고 기타를 맨 찬양 인도자도 없습니다. 하이 파이브 하며 시작되는 바닷가의 예배에서는 대자연과 해돋이를 바라보며 하루를 인도하실 하나님을 깊이 생각합니다. 하나님께서 함께하시는 임재의 자리로 나아갑니다. 공간은 중요하지 않습니다. 예배를 향한 간절함과 열망만 있으면 바닷가 어디든 파도타는 교회가 시작됩니다. 새벽 미명이라도 그런 마음이 모이면 파도가 치는 해변은 서핑 처치가 됩니다.

서핑을 예배로, 삶은 예술의 경지로
# SURFING LIFE AS STATE OF WORSHIP

역사적 획을 그은 20세기 과학은 신의 경지에 오른 듯 사회의 높은 관심과 찬사를 받았습니다. State of the Art, 즉 최첨단의 결과입니다. 그러나 과학의 "신"이 가져다주는 편리와 효율은 결과적으로 오늘을 사는 우리에게 많은 피로감을 주고 있습니다.

한국도 마찬가지입니다. 한반도 전쟁 이후 고도성장 가속화로 달리는 열차는 더욱 박차를 가하고 있습니다. 마치 목적지에 이미 들어섰는데 불붙은 석탄을 끄지 못해 질주하는 기관차의 당황스럽고 안타까운 모습입니다. 어쩌면 멈추는 방법을 잊어 버렸는지도 모르겠습니다. 시한폭탄같이 불안하고 언제 일이 터질지 모르니 그저 포기하거나 도피할 생각으로 살아가는 우리 아이들, 젊은이들을 어디서든 만나게 됩니다. 하지만 쉼 없이 달리던 걸음을 잠시 멈추고, 주안에서 안식을 얻고 정비하여 나간다면 포기하거나 도피할 필요가 없습니다.

이들을 크리스천 서퍼들이 모여 서핑하는 바닷가로 초청합니다. 그곳에서는 평안과 사랑의 하나님께서 쉼과 위로로 함께 하십니다. 그리고 포기하고 눌렸던 마음들은 회복됩니다. 하나님의 임재가 시작되며 나아가 서핑은 곧 삶의 예배가 됩니다.

## 늘 외치던 삶의 예배를 진짜로 목숨 걸고 살아보기

서핑 처치의 핵심 중 하나는 '이웃사랑'입니다. 예수님이 그러셨듯 군중 속으로 들어가 함께 먹고 나누며 생활합니다. 불안하며 흔들리는 이들과 함께 걷는 삶입니다.

10여 년 전 국내외의 바닷가 마을들을 찾아다니기 시작했습니다. 이유는 단순합니다. 그곳에 파도가 있었고 파도가 있는 곳에는 청년들이 몰려왔기 때문입니다. 그리고 노래로, 삶으로, 서핑으로 복음을 나누는 긴 여정이 시작되었습니다.

함께 고민하고 기도하는 열정이 바로 삶으로 예배드리는 행위입니다. 평소에 듣고 묵상한 말씀을 실천하는 신앙의 삶입니다. 그렇게 삶은 진지한 말씀 연구실이 되며 역동감 넘치는 일상의 신앙이 됩니다. 지난 세기 최첨단 과학으로 이룬 변화와 사회 트렌드의 반대편에 말씀과 기도로 신앙이 든든히 있어야 하는 이유입니다. 균형이 깨진 사회는 위험하기 때문입니다. 우리 청년들만 아니라 누구라도 위태롭기 때문입니다. (롬 12:1-3, 빌 2:27)

파도 타는 교회는 두려움과 불안에 사로잡힌 이들을 만납니다. 그리고 하나님의 사랑을 이야기합니다. 그렇게 파도가 있는 곳이라면 어디든 찾아갑니다.

## 계절 팝업 처치 - 교회

교회에서, 안정된 사역의 자리에서 떠나는 삶이었습니다. 잠시라고 생각했는데 10년이 훌쩍 넘어버렸습니다. 99마리 양은 신실한 사역자들에게 부탁하고 한 마리를 찾으러 나가신 목자를 따라 모험하며 걷는 삶입니다.

지난 10년이 지나는 동안 서핑과 서핑 문화는 그저 생소한 스포츠에서 트렌디하고 누구나 시도해 보고 싶은 힙한 문화로 꽃피게 되었습니다. 이에 맞춰 횟집과 술집이 가득했던 어촌 마을들은 이제 100만 서핑 인파가 모이는 곳으로 변했습니다. 카페와 피자집과 서핑샵들로 가득한 신개념의 어촌마을에서 팝업 모임이 열립니다. 사역은 매년 5월에서 11월까지 여름에만 열리는 '팝업 처치'로 함께 성장했습니다.

건물도 간판도 없는 팝업 교회이지만 바닷가 어디서든 언제든 예배할 수 있는 이유가 있습니다. 교회는 건물이 아니라 위로와 치유의 공동체이기 때문입니다. 예수님께서 곳곳을 다니시며 전하시고, 가르치시고 치유하신 것처럼 언제든 바닷가에서 예배할 수 있습니다.

서핑 문화가 여름의 배짱이 같아 보일 수 있지만 실은 가족들을 위해 겨울날 한파와 보릿고개를 준비하는 개미와 같습니다. 서핑을 통한 선교는 막막한 현실을 돌파하고 나아갈 길을 찾는 구도자의 삶입니다. 앞으로 다가올 고난과 어려움을 준비하며 함께 눈물로 씨를 뿌리며 나아갑니다.(갈 6:9, 시 126:5, 6)

## 여행 속 부흥회!

여행은 이 세대에게 주신 하나님의 선물입니다. 바닷가까지 운전해 가는 2~3시간은 단순한 이동 시간이 아닙니다. 오가는 차 안에서 시작된 대화는 시간이 지날수록 깊어집니다. 함께 좋아하는 음악을 들으며 이동하는 차 안에서 나눈은 삶의 이야기(Life Issues)와 영적인 삶(Spiritual Issues)을 깊이 있게 이야기하게 됩니다. 매주 예배 후 교회에서 이뤄지는 짧은 나눔 시간에 다 나누지 못했던 고민을 이야기합니다.

오래 마음에 있던 이야기를 나누며 자연스럽게 삶의 성찰이 이루어집니다. 삶과 하나님 나라에 대해 마음을 열고 이야기를 하다 보면 어느덧 성령님이 임하십니다. 그리고 상한 마음이 치유됩니다. 잘못된 것은 깊은 이해와 함께 바르게 바뀌는 깨달음이 있습니다. 하나님께서 주시는 감동과 감격으로 웃고 울며 시간이 흐릅니다. 서핑 트립 속 부흥회를 경험하며 하나님 이야기에 푹 빠집니다.

서핑 처치는 함께 여정을 떠나는 공동체이기도 합니다. 이동하는 차 안에서, 그리고 파도 위에서 추억과 이야기를 만듭니다. 하지만 핵심은 긴 호흡입니다. 단 한 번의 서핑 트립은 지나가는 추억에 불과할 뿐입니다. 지속적으로 삶을 함께 나누며 호흡하는 공동체가 될 때 개인의 삶에 변화를 보게 됩니다. 그렇게 지난 10년의 이야기가 쌓이고 있습니다.

**SURFING CHURCH**

## 서핑 처치 그리고 크리스천 서퍼스

하나님의 선교는 사람들의 간절함에서 시작합니다. 아픔과 고통이 가득한 현장에서 성령 하나님의 강력한 이끄심이 있을 때 가능합니다. 이것은 인위적이지 않고, 개인과 사회 필요에 의해 매우 자연스럽게 일어납니다. 그리고 하나님께서 하시는 일이기 때문에 폭발적인 확장이 곧 따라옵니다. 이전에 볼 수 없었던 부흥이 현상으로 일어납니다.

한반도에서의 서핑 사역도 이 같은 경험이 바탕이 됩니다. 바닷가 교회들이 먼저 크리스천 서퍼들의 모임을 하고 싶다는 연락을 보내옵니다. 어떤 이는 해외 크리스천 서퍼스 계정을 통해 개인적으로 이메일을 보내옵니다. '인친'들과 인스타그램 DM을 주고받으며 사역은 확대됩니다. 이후 다음세대 사역을 위한 모임에서 크리스천 서퍼로 부산과 양양, 시흥, 만리포, 제주에서 함께 사역하겠다는 헌신이 시작됩니다. 7명의 사역자가 모여 지금의 크리스천 서퍼스 코리아(Christian Surfers Korea)가 되었습니다. 형체가 없고 건물이 없는 서핑 처치는 그렇게 아주 자연스럽게 한반도 곳곳에서 크리스천 서퍼스로 이어져 가고 있습니다. 분명히 하나님께서 하시는 일입니다.

## 모든 세대와 호흡하는 사역

서핑이 단순히 청년들의 문화라는 것은 오해입니다. 어린아이들부터 90대 노인들까지 바닷가는 절대 차별하지 않습니다. 서핑도 그렇습니다. 또한 신체 능력이나 장애가 걸림돌이 되지 않습니다. 크리스천 서퍼스의 사역 중 하나는 Adaptive Surfing(장애인 서핑)입니다. 지체장애인들과 비장애인들이 함께 서핑하는 바닷가 천국 잔치가 열립니다. 참여하는 모두의 얼굴에는 그 어디서도 보지 못하는 환한 미소가 핍니다.

## 책의 방향

전체적인 책의 방향은 지난 10여년간 파도타는 교회 운동, 서핑 처치 무브먼트로 보낸 시간을 소개하고 크리스천 서퍼스 코리아로 전환합니다. 이제 위의 배경과 함께 다음의 내용들을 풀어 가보려고 합니다. 1장에서 서핑에 대한 구체적인 설명을 통해 서핑이 어떤 운동인지 살펴봅니다. 선교적 차원에서의 서핑을 도구로 사용하는 사례들과 배경을 소개합니다. 국제 서핑 협회들과 선교단체인 Christian Surfers International(대표: Roy Harley, 창립: Brett Davis)을 개론적으로 설명합니다.

2장에서는 이를 현실적으로 어떻게 선교에 사용할 수 있는지 원리와 방법보다는 사례들을 소개합니다. 한국 사회의 흐름과 서핑문화를 바닷가 현장 사역자의 입장에서 보고 복음의 가치를 중심에 둔 서핑사역을 사회의 돌파구로 다음 세대 사역자들께 소개합니다.

끝으로 3장에서 서핑 선교의 목표를 나누고, 다가오는 한반도의 선교적 삶이라는 과제를 풀어갑니다. 이와 더불어 더 창의적이고 다양한 방법들이 쏟아져 나오기를 바라며 기도합니다.

바닷가의 모든 교회와 하나님을 한 번도 듣지 못한 이들의 이야기를 시작합니다.

# SURFING CHURCH

서핑 처치
파도 타는 교회

## CHAPTER 1
### 서핑선교의 배경

- 8     추천의 글
- 12    여는 글

- 25    SURFING(파도타기)이란
- 33    잃어버린 나
- 57    파도 타는 교회, 서핑 처치 운동
- 63    부족화되어 가는 세대
- 69    새로운 농어촌 생활문화와 부족화 시대를 넘어

크리스천서퍼스코리아
인스타그램

제레미 윤
인스타그램

# CHAPTER 2
서핑과 선교

- **81** 넘어져도 괜찮다
- **91** 우리는 어떤 문화를 원하는가?
- **99** 서핑이나 커피는 전도하는 도구이다
- **107** 복음과 말씀에 끌려서 사는 '소울 서퍼'
- **113** 문화선교 속 하나님의 이야기

# CHAPTER 3
서핑선교의 미래

- **125** 주님의 해변에서 다시 주님과 함께
- **141** 하나의 한국과 서핑선교
- **147** 오랜 기다림에 지쳐갈 때

**RightNow Media 서핑 시리즈**

- **156** Session 1: 거친 파도와 같은 불안감
- **160** Session 2: 균형을 잃고 물에 빠질 때
- **164** Session 3: 다시 서핑보드를 붙잡고
- **170** Session 4: 파도를 타며 균형 잡기
- **174** Session 5: 파도를 가르며 서핑!

# CHAPTER 1

서핑선교의 배경

## SURFING(파도타기)이란

### 서핑의 시작

서핑은 듀크 카하나모쿠, 하와이 출신 미국 서퍼이자 수영선수였던 섬나라 원주민을 통해 미주 서부와 호주, 뉴질랜드에 소개됩니다. 하와이 전통문화인 서핑은 20세기 초반 백인들에게 전해지면서 빠르게 성장합니다.

이후 100년 이상의 시간이 흐르며 서핑은 파도가 있는 대부분의 바닷가에서 즐길 수 있는 스포츠로 자리를 잡습니다. 이후로도 전 세계 서핑 애호가와 그 문화를 동경하는 이들은 지속적으로 늘고 있습니다.

서핑은 2020년 올림픽 공식 종목으로 채택되었습니다. 국제 서핑기구로는 WSL(World Surf League, 프로 서핑 대회를 주관하는 국제 단체)과 ISA(International Surfing Association, 국제서핑협회)가 있습니다. 이 두 단체는 하계 올림픽에도 큰 영향을 미치고 있습니다. 서핑계는 현재 장애인 올림픽 종목 채택을 위한 준비가 한창입니다.

### 파도 위에서의 모든 행위가 바로 서핑!

멋진 파도가 들어오는 날이면 크든 작든 서핑보드를 가지고 바다로 들어갑니다. 허리 깊이만 들어가면 되기 때문에 수영을 못하는 초보도 괜찮습니다. 파도가 강한 날은 자연이 밀어주는 힘 때문에 누구든 신나게 탈 수 있습니다. 프로 서퍼처럼 멋지게 타지는 못해도 괜찮습니다. 보드 위에 일어서지는 못하더라도, 파도를 타는 모든 놀이가 서핑(surfing)이기 때문입니다. 92세의 뉴질랜드 할머니 Nancy도 매일 서핑을 즐길 수 있는 이유입니다.

출처 https://youtu.be/RmMe7avvFZQ?si=Jn_J8w5OGasf5_hN2

좀 더 전문적으로 접근해 봅니다. 파도가 들어올 때 보드에 올라갑니다. 해변을 향해 파도가 올라오는 곳 근처에서 도달하면 먼바다에서 오는 파도 물결을 바라보며 대기합니다. 타고 싶은 파도가 왔을 때 보드를 해변으로 돌리고 힘있게 패들(paddle)을 합니다. 그렇게 패들링 하다가 파도가 밀어 주기 시작하면 보드 위에 일어납니다. 우리가 서핑하면 떠올리는 그런 거대한 파도에 몸을 실은 것이 아니지만 이것도 분명 서핑입니다.

**한국에서의 서핑**
한반도에서의 서핑은 밀레니얼이 시작되고 10년이 지난 무렵 조금 뒤늦게 시작되었습니다. 그 중심에는 한국 서핑의 대모라 불리는 부산 송정 서핑 학교의 서미희 서퍼가 있습니다. 지금은 발리, 하와이, 미국, 호주, 뉴질랜드로 서핑 유학을 오는 한국 프로선수들도 있습니다. 더불어 유학과 워킹 홀리데이를 다녀온 서퍼들은 해외에서 경험했던 라이프 스타일을 한국에서도 그대로 이어갑니다. 이제는 한반도 바닷가 곳곳에도 서퍼들을 볼 수 있습니다.

SURFING CHURCH

심지어 도시에 있는 청년들이 농어촌이 있는 바닷가로 이주/이사해 어촌 문화를 바꿔가고 있습니다. 고급 명품 시계를 사는 대신 시골의 허름한 집을 사는 촌플렉스/촌플루언서도 등장하였습니다. 바닷가로 한달살이로 오거나 워케이션을 갖는 모습은 이제 유튜버들의 흔한 소재가 되었습니다. 이렇듯 지난 10여 년의 시간 동안 수많은 젊은이가 바닷가로 물밀려 오듯 몰려오고 있습니다.

**서핑과 선교**

이렇게 바닷가로 모여드는 젊은이들을 보고 있자면 마치 추수할 준비가 된 밭 같습니다.

서핑이 복음을 만나자 하나님의 선물이 되었습니다. 서핑은 세속 문화를 넘어 하나님 나라를 소망하며 파도 타는 신앙인의 삶을 살도록 이끄시는 축복이자 도전입니다.

넓은 의미로 서핑은 문화 선교입니다. 좀 더 세분화한다면 예술 선교 체육(PE)을 활용한 스포츠 선교의 한 부분입니다. 그러나 이전 세대가 이끌어 온 형식의 골프 선교회나 축구 선교회 또는 태권도 선교회와는 큰 차이가 있습니다.

서핑 문화가 가지고 있는 독특한 패션과 라이프스타일 및 익스트림 스포츠로서의 장점은 선교적 도구로서 아주 훌륭한 역할을 합니다. 선교적 관점에서 보면 오히려 파도를 타는 것보다 대자연에 몸을 맡기고 파도를 기다리는 시간이 더욱 유익합니다. 파도는 내 맘과 의지와 상관없이 순전히 자연이 보내 주는 것이기 때문입니다. 차가운 물 속에 내 몸을 맡기고 잠잠히 파도를 기다리는 행위는 그 자체가 묵상과 기도가 됩니다. 인간의 한계와 나약함 그리고 죄성이 저절로 깨달아집니다.

### 참전용사들의 서핑

서핑에 관한 영화들은 참 많습니다. Monster Wave, 즉 집채보다 더 큰 파도를 쫓고 정복하는 내용이 대부분입니다. 그런데 영화 Resurface(2017)는 조금 다릅니다. 이 영화는 전쟁 트라우마에 시달리는 어느 참전 용사가 서핑을 통해 치유받는 모습을 그린 다큐입니다. 기독교 시점을 담은 영화는 아니지만 서핑의 치유 효과는 이미 과학적으로 증명되었습니다. 그리고 세계 곳곳에서는 Surf Therapy(서핑 치료)가 행해지고 있습니다.

### '크리스천 서퍼스'의 시작

하나님께서는 한 사람의 변화를 통해 세계 선교를 이끌어 가십니다. 이것은 놀라운 하나님의 역사입니다.

1977년 하나님은 Brett Davis라는 한 호주의 소년 서퍼의 마음을 만지셨습니다. 그리고 바닷가로 부르심에 순종한 이 소년을 통해 현재 38개국에 지부를 둔 국제적인 서핑 선교 운동을 일으키셨습니다.

> "Big C, and small S" -
> 크리스천 서퍼(Christian Surfers, 이하 CS)는 서핑이 먼저가 아닌 크리스천으로 사는 삶이 먼저이어야만 한다.
> - Brett Davis

벌써 약 50년의 역사를 가진 이 선교 운동은 다음의 복음주의에 근거합니다.

> That every surfer and every surfing community has opportunity to know and follow Jesus
> "모든 서퍼와 서핑 커뮤니티가 예수 그리스도를 만나고 따를 수 있도록"

내가 산을 향하여 눈을 들리라
나의 도움이 어디서 올까
나의 도움은 천지를 지으신 여호와에게서로다

CS의 Core Value(핵심가치)는 아래와 같은 키워드로 요약됩니다.

1. Gospel Centered:
   #복음중심적 #성경의 권위 #예수님 #제자화 #기도
   (Matthew 28:18-20).
2. People of Integrity:
   #경건 #책임감 #진정성
   (Titus 2:11-12, James 4:17).
3. Inclusive:
   #다양성 #공동체 #관계중심 #협력 #국제 #오픈소스
   (Galatians 3:28).
4. Servant Hearted:
   #겸손 #희생 #신뢰 #섬김
   (Matthew 20:26-27).
5. Surfers:
   #도전 #모험 #창의적
   (John 10:10).

이와 같은 가치를 마음에 품고 세계 곳곳 바닷가로 찾아가는 서핑 선교사들, 그들이 바로 크리스천 서퍼입니다.

그렇게 Christian Surfers는 국제 선교단체로 지난 50년쯤을 걸어왔습니다. 시간이 쌓이면서 이야기도 쌓여갑니다. 기쁜 구원의 간증과 승리한 이야기들이 넘쳐나지만, 가슴 아픈 기도와 중보로 밤을 새우며 보내기도 합니다. 여전히 동심을 찾고 잃어버린 자아를 찾고, 진리를 찾고, 무엇보다 삶의 이유가 되신 하나님 찾기를 바라는 사역입니다.

## 잃어버린 나

**동심을 찾아드립니다 -**
**현대의 선한 사마리아인과 잃어버린 한 마리의 양을 찾는 여정**

우리 주변엔 늘 선한 사람들이 있습니다. 적어도 한두 명은 있습니다. 신앙인들은 그리스도를 본받아서 그렇게 살기도 합니다. 잃은 이의 간절한 소망을 응답하는 그들은 건강을 잃거나 집을 잃거나 가족을 잃거나 귀중한 보석을 잃거나 삶을 잃거나 본질을 잃거나 추억을 잃었다면 찾아주려 합니다. 다행히 혼란 속에 빠진 이들은 갑자기 나타난 그들의 노력으로 삶은 균형을 되찾고 이전보다 더욱 건강한 삶을 삽니다.

일반적으로 흔들림이 없는 이들은 어려서 정서적으로 풍성한 어린 유아 시기를 보냈습니다. 자아를 건강하게 돌보는 행복한 가정에서 자란 이들이 대부분 튼튼한 정서와 마음을 가지고 있습니다. 그러나 이런 이들은 많지 않습니다. 많은 이들이 열등감과 우월감 사이에서 높은 스트레스를 받으며 불안한 하루를 보내고 있습니다. 멀리 바닷가로 온 공동체에 "동심을 찾아드립니다"라고 서핑을 소개하는 이유입니다.

바닷가는 교회, 삶, 건강, 정신, 영성, 일상, 잃어버린 동심, 행복, 아름다움, 가족, 하나님 나라를 소개하는 장소가 되고 서핑은 하나님을 설명하기 위한 통로가 됩니다.

우리에게 복음은 하나님이 창조하신 모습을 회복하는 힘입니다. 잃어버린 처음 인간의 아름다움은 오직 예수 그리스도로 회복이 가능하다는 복음이 가진 힘입니다. 이를 위해 찾아야 할 잃어버린 시간이 있습니다. 어렸을 적에 더 많이 경험해야 했을, 그러나 해 보지 못한 천진난만했던 동심입니다. 상대적이기 때문에 기억이 아주 조금 있는 사람부터 한 번도 없는 이들도 있습니다.

단순히 추억부터 기억나는 사랑이라고 할 수 있지만 동심은 어른이 되어 버겁게 살아가는 이들이 쓰러졌을 때 다시 일어나게 하는 심적 원동력입니다. 어려서부터 하나님의 사랑과 주변, 특히 가족들의 사랑을 다양한 방법으로 가득 채운 이들은 쉽게 넘어지는 법이 없습니다.

바다 물살에 흔들리지만, 뿌리를 깊게 내린 바닷가 팽나무와도 같습니다. 다른 말로 자존감이 높아 크게 흔들리지 않습니다.

### 포기가 일상이 된 삶

어려서 안정적인 가정에서 크지 못한 아이들은 쉽게 포기하고 좌절하는 십대를 지납니다. 인정받지 못한 자아는 불만족이 가득합니다. 커서 분노가 쌓이면 악착같이 살거나 속이 단단하지 않아 중심이 심하게 흔들리는 삶을 반복합니다. 습관적으로 그러한 사람이 될 수도 있습니다. 포기하는 것이 습관이 되어있거나 늘 그렇게 사는 사람이 됩니다. 일상이 감당하기 어려울 정도로 거대하거나 힘들게 느껴지는 삶을 삽니다. 그런 사람으로 화석처럼 굳어있다면 삶은 보상받고 싶은 과거 흔적들로 가득합니다.

### 그렇게 신앙인이 된다면

힘을 다해 살다가 어느 시점에 하나님을 만나지만 슬프게도 신앙생활마저 온 힘을 다해 악착같이 합니다. 인정받으려 애씁니다. 작은 칭찬에 신이 나서 열심히 살아갑니다. 찬양 인도자로 10명 100명 앞에 서다가 어느덧 천 명, 2천 명 앞에서 박수를 받아도 3천 명, 만 명 앞에 서야 하는 인정 중독입니다. 하나님을 의지하거나 십자가 밑에 내려놓거나 성령님께 짐을 맡겨드리지 못합니다.

어쩌면 그렇게 열심히 사는 매일은 값지다고 할 수 있지만 동심과 추억은 없고 불평과 아픔을 진지하게 볼 틈이 없습니다. 모든 사역자가 그런 것은 아니지만 어느 순간 변질된 자아는 그렇게 돌볼 틈 없이 망가질 수 있습니다. 어쩌면 상처받은 마음속 어린아이의 아픔만 가득합니다. 악착같이 사는 사람이 신앙생활을 이어가면 한 가지 심각한 문제가 있습니다. 과거에도 그랬듯이 오늘도 지나치게 열심히 삽니다. 늘 다투어 얻어야 하고 반복적인 싸움에 삶 어디에도 행복한 순간은 없습니다. 결국 동심이 없는 나와 오늘도 반복하는 나를 발견합니다. 아주 오래전 행복했더라도 너무 희미하고 뚜렷한 추억이나 따뜻했던 순간이 섬세하게 각인되어 있지 않습니다.

**사라진 시간, 사라진 사랑, 사라진 하나님**

결국 어른이 되어 흘러간 젊음에 허탈해합니다. 잃어버린 시간을 찾을 수 없습니다. 어려서는 주변 환경 때문이지만 어른이 되어 굳어버린 마음은 어찌할 바를 모릅니다. 아이들은 동심을 쌓아야 할 지금을 잃고 사랑받고 있다는 확신은 더 희미해지고 있습니다. 그렇게 십 대와 이십 대를 지나 청년이 되어 사회에 발을 들인 젊은 우리는 처리해야 할 일들과 버텨야 할 일상이 가득합니다. 악순환이죠. 사랑받지 못하는 시간은 도시의 높은 압박 속에서 살게 합니다. 지치는 삶입니다.

**멈추지 않고 달리는 열차에서 내려 바다를 조용히 걷기**

'낭비도' 엔트로피는 물리학 용어입니다. 도시 속 낭비되는
것이 낮습니다. 반면, 자연 속 낭비되는 것이 높습니다. 열역학
제2법칙에 속하는 용어가 물리학만 아니라 천문학 및 철학에서도
쓰입니다.

사회적 압박 정도로 이야기할 수 있습니다. 경우의 수가 많으니
경쟁도 치열해집니다. 한국 사회와 다양한 분야의 평가가
이야기합니다. 한국인들은 지난 고도성장의 결과로 오늘의 선진국
모습을 하고 있지만 여전히 성장에 목말라 있습니다. 성장을 위해
나와 내 주변을 심하게 압박합니다. 그 결과 불평등과 불균형이
가득합니다. 사회가 마음의 병을 얻기 시작한 지 오래입니다.
그러한 이들의 삶에 크리스천 서퍼와 만나며 반대편의 삶을
경험합니다.

SURFING CHURCH

이야기 1.

함께 서핑하는 Jibum은 마음에 큰 구멍이 나 있다고 표현
했습니다. 오랜 시간 동안 내버려두어서 어떻게 채워야 할지
모르겠다 했습니다. 교회도 갔고 열심히 신앙생활도 했지만, 더
열심히 하라는 압박에 마음의 병이 더욱 심해졌다고 했습니다.
주변에 그런 이들을 많이 만나면 압박은 낮추고 낭비는 극대화할
수 있는 무언가가 필요했습니다. 그러기엔 자연 속에서 물과 함께
시간을 보내는 서핑은 강렬합니다. 서핑 다니며 많은 이야기를
나눴습니다. 이야기를 나누며 받아보지 못했던 이해와 공감에
펑펑 웁니다. 자기도 왜 이런지 모르겠다고 하며 함께 웃습니다.
좋은 친구들을 만나고 가족을 얻었습니다. 예수님의 모습처럼 한
가정을 돌보는 남편의 모습으로 살기 시작했습니다. 공허한 마음을
채우기 위해 달리던 열차에서 내려 해변을 조용히 걷기 시작한
일상입니다.

이야기 2.

Juhan은 뉴질랜드에서 10년을 넘게 살며 바닷가에 물장구를 쳐 보지 못했습니다. "한국에서의 삶과 똑같은 삶을 살았어요. 장소만 옮겨졌을 뿐이지 삶은 같았습니다. 교육 담당으로 교회-일-집을 반복적으로 다녔으니 이전보다 무엇이 더 나아졌는지 모르겠습니다. 배움은 있지만 실천하고 이야기를 만들어갈 장이 회사밖에는 없는데 아시잖아요. 회사에서 전도는 거의 불가능합니다. 삶이 막혀 있어요. 시간은 이렇게 지나고 있는데 기억에 남는 추억이 많지 않습니다." 이곳에서의 생활이 추억이란 것이 없었습니다. 바닷가 옆길을 걸으며 나누는 몇 마디에서 낭만도 쉼도 사라진 삶의 반복이 보였습니다.

이야기 3.

Queenan 선생님은 예순을 훌쩍 넘긴 지긋한 선생께서 자신의 젊었을 때 서핑 할 생각을 왜 못했을까 싶다며 서핑을 배우고 싶다고 합니다. 신앙은 없으니 삶의 이야기를 깊이 나눌 공동체도 없다 하십니다. 자녀들을 키우고 결혼시키기까지 일하는 것에 몰두해서 친구도 없답니다. 시간이 지난 것도 모르던 3년 전 즈음, 늙어간다는 생각이 들었고 헬스장을 다니지만 반복적이고 지루합니다. 서핑하며 지칠 줄 모르고 강습을 받고 발리로 여행을 가십니다. 강습 중 멈출 줄 모르는 소녀 같은 선생님의 웃음이 발리에서도 계속됩니다.

이야기 4.

11살 로하는 농구 외에 다른 취미가 없습니다. 의사인 아버지와 좋은 추억들을 만들었을 것으로 보이는 행복한 기독교인 가정의 밝고 사랑스러운 아이입니다. 로하의 얼굴에서 가정이 어떤지 읽을 수 있습니다. 아빠와 아들은 서핑하면서 어느 때보다 행복했다고 합니다. 벌써 3년 동안 매해 함께 서핑처치에서 만나고 있습니다. 지금 서핑이 최고라고 합니다.

Surfing for Jesus
CHRISTIAN
SURFERS

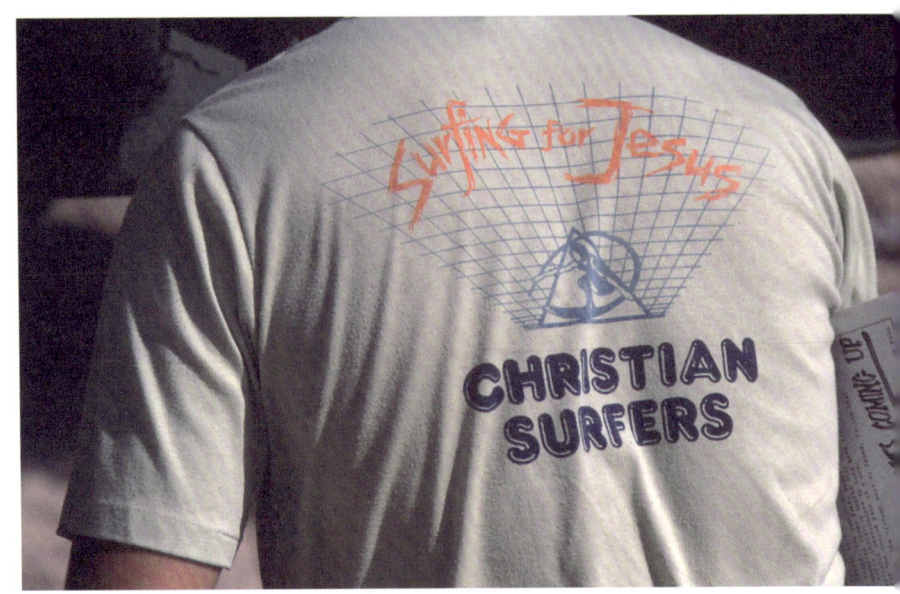

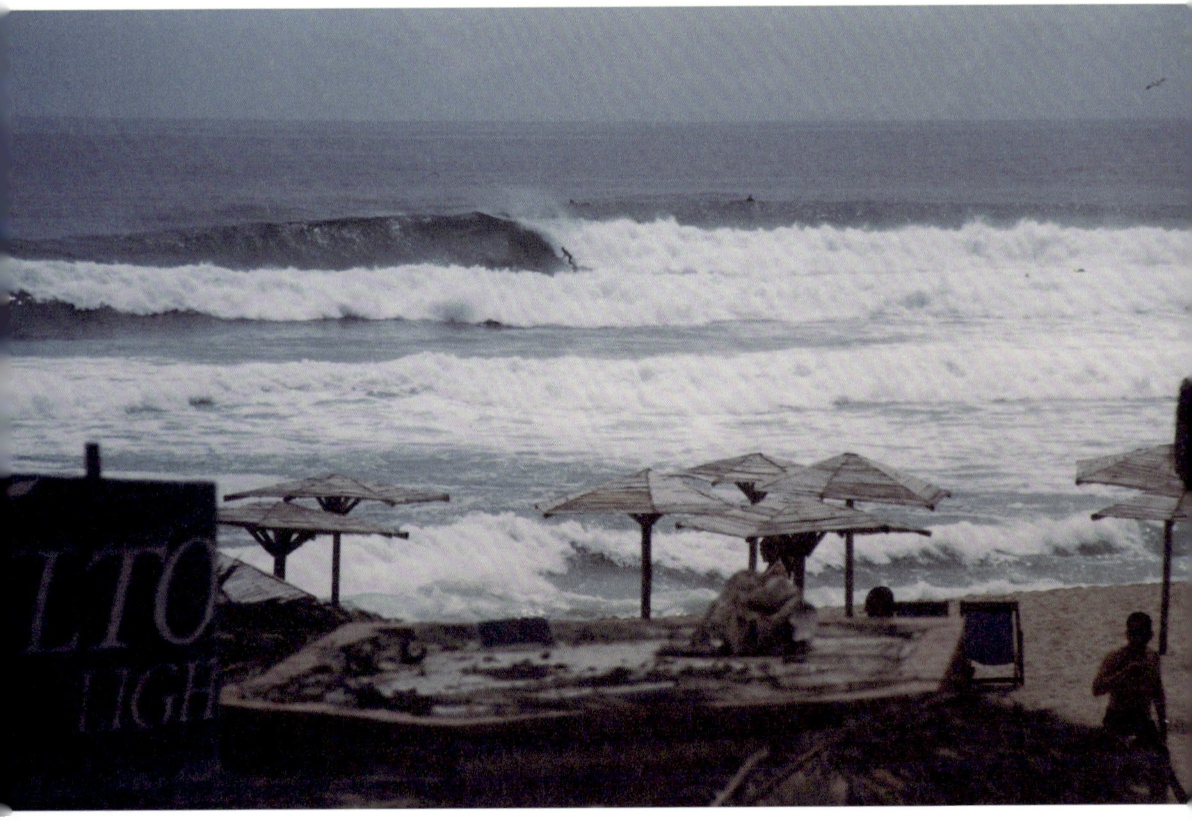

### 이야기 5.

Victor는 하나님을 대학생 선교회에서 인격적으로 만났습니다. 간사로도 열심히 섬긴 빅터는 코로나19 이후로 교회 생활을 잠시 멈췄습니다. 하나님을 믿지만 일하고 운동하는 것에 몰입되어 있었습니다. 서핑을 통해 크리스천 서퍼들을 만나 다시 교회에 나가기 시작했습니다.

### 이야기 6.

Danul은 한인 교회에 오래 몸담고 있었고 현지 교회에도 나갔던 그는 익스트림 스포츠에 푹 빠져 있습니다. 겨울이면 퀸스타운에서 시즌 방을 잡고 오래 지냈습니다. 그러다 크리스천 서퍼들을 만나고 오래전 교회에 다시 돌아갑니다. 늦은 30대에 귀한 자매와 결혼해 두 자녀와 함께 믿음의 가정을 꾸리고 있습니다.

### 이야기 7.

Oki는 고등학교 선생님입니다. 오랜 시간 미술 선생으로 예술이 어떻게 복음을 나타내는 도구로 쓰일 수 있는지 궁금해합니다. 서핑을 선교의 도구로 삼는 것이 궁금한 모양입니다. 서핑 처치가 서브 컬처(비주류 문화)선교로 문화를 통해 복음을 나타내는 선교적 삶을 사는 이야기로 시간이 가는 줄 모르게 이야기 나눕니다. 그리고 늘 답은 같습니다. 무엇보다도 하나님과의 이야기와 자신의 동심을 찾으라고 이야기합니다. 고등학교에서도 개인적인 이야기를 통해 설득력 있는 서사가 만들어질 수 있습니다.

**오늘도 선물을 준비하신 하나님**

모두 사실을 근거한 가명의 한국인 크리스천 서퍼들 이야기입니다. 동심으로 돌아가는 것은 말씀으로 돌아가거나 '다시 복음으로'라는 잘 알려진 구호와 같습니다. 잃어버린 본질을 찾는 과정이 매우 같습니다. 하나님과의 첫사랑을 회복하라는 말씀과도 같은 맥락입니다. 이러한 우리의 일상에는 하나님의 복음과 삶의 낭만을 찾을 여유가 필요합니다.

하느님께서 가득히 부어 주시는 기쁨과 환희가 넘치는 행복과 깨달음으로 이어집니다. 하나님과 깊은 관계가 만들어진다면 가능합니다. 깊은 좌절에 빠져있어도 이러한 낭만과 동심을 찾을 때 우리는 다시 일어나 걸을 수 있습니다.

주님을 모르던 자들이 바닷가에서 함께 서핑을 하다가 하나님의 사람들을 만나고 세례를 받는 일은 거대한 축제입니다. 세례를 받은 이들은 하나님 나라의 한 식구가 된 것을 축하하며 서로 마음 다해 기도해 주고 물뿌리며 행복과 기쁨을 나눕니다. 그렇게 한 명 한 명 모여 무리를 이루고 사회 변화와 부흥을 가져옵니다. 지금 일어나고 있는 바닷가 이야기입니다.

**하나님의 선물로서의 서핑**

은혜를 입은 신앙인들의 고백과 닮지 않았나요? 복음을 통해 은혜를 경험한 자들의 고백과 똑같은 부분도 있습니다. 크리스천 서퍼들은 그렇게 받은 은혜와 감동으로 하나님을 전합니다. 말씀이 살아있는 교회 공동체는 생명이 살아있는 곳으로 인도합니다. 이것이 서브 컬처 미션 으로 잃어버린 삶을 되찾고 잃어버린 하나님은 찾는 연결 지점이 됩니다.

**물은 놀이터입니다**

신생아때 아가들의 욕조와 낮은 어린이 수영장에서 적응을 마치면
수심이 깊은 풀장으로 들어갑니다. 바닷가도 마찬가지입니다.
얕은 갯벌 웅덩이에서 놀면서 모래와 바다에 익숙해집니다.
친해지는 과정입니다. 찰랑거리는 바닷가는 모래성을 올리며
중장비 장난감을 가지고 노는 모든 아가의 놀이터입니다.
아이들에게서부터 어른에게까지 물은 우리의 삶과 닿아 있습니다.
여름이 다가오면 늘 즐거움과 기대가 가득한 이야기가 넘쳐납니다.

바다는 수중 스포츠나 물놀이를 즐기는 여행객들에게만 의미 있는
것은 아닙니다. 먹거리와 삶의 터를 잡고 사는 어부들과 농어촌
일꾼들에게는 매일 가야하는 직장이고 일터입니다. 학자들에게는
귀한 연구 자원입니다. 나라와 국가의 국민으로서는 우리가
함께 창조 질서를 보존하고 가꾸어 아름답게 만들어갈 한반도의
미래이기도 합니다.

이 아름다운 해안 놀이터가 기후변화와 인류의 지나친 이기심으로
망가집니다. 극단적으로 바뀌는 현상과 미래에 대한 상상은
그리 즐거운 그림이 아닙니다. 오히려 섬뜩합니다. 창조 세계를
돌봄으로 모든 세대가 행복한 바다로 만들고 싶은 간절함이
있습니다.

어린아이부터 노인에 이르기까지 모두가 행복한 바다라면 반도의
해변은 언제든 찾아가고 싶은 아름다운 땅이 될 것입니다. 많은
이들의 쉼터이고 삶의 터전이며 즐길 수 있는 놀이터인 바다에서
파도타기는 하나님께서 주신 행복입니다.

**즐겁고 안전한 바다**

그러나 극단적인 기후 위기가 아니어도 대자연은 무섭고 위험할 수 있습니다. 바다를 능숙하게 즐기는 서퍼들처럼 물의 흐름을 읽어야 합니다. 그렇지 못하면 위험한 일들은 언제나 일어날 수 있습니다. 매년 해수욕객의 생명을 잃은 안타까운 뉴스는 국내만이 아닙니다. 현지 해외 한인들 사고를 자주 접합니다. 단순히 올해 문제만이 아닙니다. 더욱 안전이 최우선으로 여겨집니다. 파도타기를 이야기하기에 앞서서 안전에 대해 먼저 이야기하는 이유입니다.

대만 현지 부모들은 아이들 안전을 위해 바닷가 이벤트를 쉽게 보내지 않는다는 대만 CS 사역자의 이야기를 들었습니다. 같은 이야기를 제주도 주짓수 처치 방문에서도 듣습니다.

부산은 해경이 인명구조대로 활동하지만, 구조대의 인원이 해변 이용 인파에 비해서 부족합니다. 현실과 조직의 한계로 수십 년간 추구해 온 변화와 성장은 가능성이 없어 보입니다.

그곳에 크리스천들의 서핑 레스큐가 있습니다. 해외에서 서퍼들은 파도를 타면서도 주변에 일어나는 사고에 적극적으로 도울 수 있는 사람들입니다. 위기에 함께 보드에 의지해서 구조대가 올 때까지 기다립니다. 레스큐 학습을 받은 사람들은 당장 구출할 수 있습니다. 선한 영향력과 섬기는 리더십 그 이상입니다.

**작전명 크리스천 서프 인명 구조단!**
한 예로, 뉴질랜드 인구의 80%가 모여 사는 오클랜드는 매년 100여 명의 인명피해가 바닷가에서 일어납니다. 국가적으로는 3만 명의 해안가 조난자 구조에 나서기도 합니다. 그렇게 해마다 사람들이 사고를 당하기 때문에 안전을 위해 더 많은 인력이 필요합니다.

전문가들의 노력과 구조의 지혜가 필요한 자리에 크리스천 서퍼들의 일화가 뉴질랜드 헤럴드 기사로 났습니다. 오클랜드 서해안 베델스 해변에서 십대 두 명과 어머니는 크리스천 서퍼스 노스쇼어 팀을 통해 구조되었습니다. 이 기사는 사회적으로도 의미하는 바가 큽니다. 남반구 여름 크리스마스 이벤트로 끝날 수 있었지만, 위험에 대처하는 이들의 본질을 잘 보여줍니다. 사람 살리는 방법은 통제와 규율이 아닌 지혜로운 사람들이 곁을 지켜주는 따뜻한 동행입니다.

송정 서핑 학교의 서미희 대표는 아이들이 바다에 오지 못하게 막지 말고, 그들이 안전하게 놀 수 있도록 지켜달라고 정부와 기관에 전합니다. 거대한 파도에 쓸려나가는 방문객들을 구한 크리스천 서핑 애호가들의 일화들이 곳곳에서 기사로 남습니다. 해안가에서 위험을 뚫고, 생명을 살리는 리더십입니다. 거침없고 도전적인 리더십입니다. 파도타기 이전에 즐겁고 안전한 바다가 우선입니다.

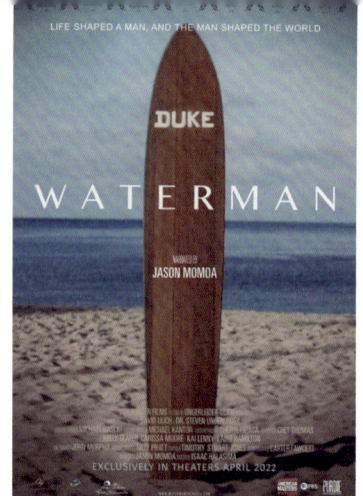

### 바닷가 문화로서의 서핑

안전에 관한 이야기를 나눴으니 이제 서핑 문화와 서핑을 활용한 선교에 관해 이야기해 봅니다.

영화 워터맨(2021)에서 서핑이 처음 시작된 골든 트라이앵글로 캘리포니아-뉴질랜드-호주, 세 나라를 소개합니다. 이 국가에 있는 서핑 지역들은 일찍이 서프 인명 구조단(Surf Life Saving Club)을 구성하고 주류 협력 기관들과 함께 안전을 우선시해 왔습니다. 영화 베이워치로도 유명한 지역들입니다. 집중된 관심과 문화의 발전을 이루는 이유는 매해 인파가 몰리는 이유도 있지만 대중의 사랑을 받기 때문입니다.

패션도 앞서서 이끌어갑니다. 메이저 서핑 브랜드인 퀵실버, 립컬, 파타고니아, 빌라봉, 행탠, 볼콤, 오닐 등 다수의 해외 브랜드가 서핑을 중심으로 한 브랜드에서 좀 더 넓은 의류시장으로 성장하기도 했습니다.

여성/남성 수영복 트렌드를 래시가드로 바꾸었고 이제 수영장에서도 수영복과 함께 래시가드를 입습니다. 모두 서핑을 비롯한 워터스포츠의 영향 때문입니다. 그렇게 한 세기가 흐르며 서핑 문화는 바닷가 지역 삶에 깊이 자리 잡게 됩니다.

**농어촌 선교의 개념을 넘어 서핑 미션으로**
새로운 도시로 이주를 해오거나 이사를 한다면 그 지역의 삶을 조사합니다. 여러 방편으로 살아갈 지역에 관해 관심을 가지고 확인하는 적극적인 태도가 중요합니다. 조사를 마치면 결론을 내립니다. 지금 있는 곳보다 살기 좋기에 더 나은 조건을 가지고 이사 가는 이들도 있습니다. 또는 가야만 하는 특별한 이유가 있는 이들도 있습니다. 때론 건강 문제로 환경을 바꾸기도 합니다.

새로운 곳에 정착해서 보다 나은 삶을 살기 위해 관습, 곧 반복하는 문화와 전통의 흐름을 살핍니다. 그곳이 완전 새로운 문화를 가진 곳이라면 깊이 조사하는 것이 좋습니다. 그리고 신앙인들에게는 그 새롭게 이주한 어색한 곳의 문화와 삶의 흐름 중심에 교회가 자리하고 있습니다.

서핑 지역을 가면 늘 그곳 교회를 찾아갔습니다. 캘리포니아부터 발리까지 어느 곳을 가든 바닷가 교회가 살아가는 삶을 듣습니다. 한국도 반도이기 때문에 바닷가의 교회들은 아름다운 바닷속 자연처럼 참 많은 자원들을 가지고 있습니다. 그러나 함께 고민하며 문제를 풀어가기 전까지는 어떠한 자원들이 있는지 알 수 없습니다. 교회는 몰려오는 청년들을 보면서 고민하고 있었다는 사실은 그들과 커피 테이블에 앉아 이야기 나누기 전까지는 알 수 없습니다.

**한국에서의 파도타기와 생활 생태계**
한국 서핑의 발전과 함께 새로운 개념의 선교에도 청신호가 떨어진 것은 부산 송정과 양양 죽도, 태안 만리포 그리고 제주도 중문의 변화에서 시작되었습니다. 밀레니엄이 시작되고 짧은 수십 년 동안 엄청난 변화가 일어났습니다. 서핑할 수 있는 바닷가는 시즌이 시작되면 사람들로 가득 차기 시작했고 도시의 청년들과 젊은 가족들이 해마다 이주해 왔습니다. 시원한 바다에서 쉼과 삶의 여유를 찾아 몰려왔기 때문입니다. 함께 파이어, 딩크, 욜로 등의 라이프스타일에 변화가 있는 사회 신조어들도 나왔습니다.

**농어촌 선교에서의 서핑 선교/액션스포츠미션**

그들은 도시의 빈 건물보다는 바닷가에 허름한 초가집 버려진 낡은 한옥을 찾았습니다. 그곳을 카페와 작은 빵 공장 및 화덕피자 집으로 바꾸고 2~3시쯤 그날의 커피와 유기농 식단의 브런치/점심 메뉴를 모두 소진하면 문을 닫고 물속에 뛰어듭니다.

먼저 그곳으로 이주 이주해 간 욜로와 파이어들을 따라서 온 MZ들은 너도나도 서핑과 캠핑, 온로드 사이클링 및 마라톤, 프리다이빙하려고 도시에서 각 농어촌 지역으로 몰려들고 있습니다. 이사보다는 이주가 맞는 것은 문화의 터전이 도시 정글에서 시골 야외와 해변으로 옮기는 모습들이 해외 이주 이민자들과 닮았습니다.

이것이 지난 10년간 한국과 해외 한인들을 통해 살펴본 흐름입니다. 한국인 젊은이 문화가 바뀌고 있습니다. 분명히 피부로 느껴지고 눈으로 확인되는 것은 양양과 부산에서만 지난 3년간 20%의 매출이 올랐다는 보고와 함께 코로나 이후 방문객과 서핑 장비 판매율이 급상승했습니다.

MZ와 Gen Alpha가 바닷가로 몰리고 있다는 것을 입증해 주고 있습니다. 알파 세대의 부모가 MZ에 기울어있는 X세대이니 그들 모두 새로운 라이프스타일을 찾고 있다는 사실에 많이 공감합니다. 물론 그리 역동적이지 않고 여전히 PC방과 집에만 있는 사람들도 있겠지만 적어도 움직이지 못해서 답답해하는 이들은 캠핑으로 산으로 들로, 바다로, 역동적으로 움직이고 있습니다!!

해외에서는 이러한 역동적인 산과 들과 바닷가 현장에 액션 스포츠(action sport/extreme sport mission) 선교가 젊은 세대를 위해 힘을 쏟고 있습니다. 트레일 러닝, 암벽타기, 스케이트보드, BMX, MTB, 온로드 자전거, 스노보드 및 파도타기와 같은 극한 스포츠들의 총칭입니다. 그중 서핑은 20세기 후반부터 글로벌 미션을 이끄는 해외 복음주의 선교단체들의 훌륭한 선교 도구로 사용되었습니다.

호주에서 시작되었으니 뉴질랜드는 물론이고 오세아니아를 넘어 서핑이 있는 미주와 세계 곳곳으로 흘러 먼 곳까지 영향을 주게 됩니다. 바닷가 교회들이 활력을 받기 시작했습니다. 반도인 한국도 상황은 같습니다. 서핑할 수 있는 모든 바닷가는 선한 영향력을 미칠 수 있는 선교기지가 됩니다.

동쪽 해안선, 서해와 남쪽 바닷가와 섬들이 모두 선교지입니다. 추수의 때인 것이 확실합니다. 지금까지 해외 서핑 문화는 바닷가 교회와 함께 공존해 왔습니다. 서핑을 중심 문화로 바다를 공유하는 바닷가의 모든 교회 삶 속에 녹아 있다. 한국도 서핑이 있는 곳 어디든 농어촌 현지는 서퍼와 그곳의 다양한 사람들과 하나님의 몸된 교회가 만나는 자리가 될 수 있습니다.

## 파도 타는 교회, 서핑 처치 운동

신개념의 농어촌 선교로서 교회가 파도를 탄다는 것은 익숙한 그림은 아닙니다. 어쩌면 새로운 개념입니다. 단순히 서핑은 널빤지 위에 올라 파도를 가르는 수상 스포츠입니다. 하나님을 전하는 것과 파도를 타는 행위가 선교적인 연결점이란 생각을 해보지 못했다면 이즈음에서 사고의 전환이 이미 시작되고 있으리라 생각합니다.

나무로 만든 널빤지 위에서 올라서서 파도를 타는 것이 전부가 아닙니다. 삶의 터전과 문화와 그곳에 이주해 온 사람들에 관한 이야기로 시작하는 이유입니다. 각 지역의 관습과 서핑 문화로서 파도타기는 삶과 직결되어 있기 때문입니다. 파도타기와 선교를 단순히 널빤지 위에 올라 파도를 타는 행위만 가르치고 집중한다면 오히려 설명이 쉽습니다. 그것은 서핑 강습이지 선교가 아니기 때문입니다.

그러나 파도타기와 선교를 칼로 가르듯 나눌 수 없습니다. 파도타기는 강습과 레저로 선교는 복음을 전하는 행위로 나눈다면 결코 파도 타는 교회는 탄생할 수 없습니다. 반드시 그곳에 사는 사람들과 그 지역을 찾는 여행객들을 이해하고 바다를 소중히 여기는 마음이 선행됩니다. 그때 진정한 의미의 서핑이 시작되며 서핑 선교의 교집합 어디쯤 서게 됩니다. 서핑 처치는 서핑과 서핑 문화를 귀하게 여기는 진지하고 착한 마음에서 시작합니다. 그리고 시기적절하게 선교적인 삶(Missional life)이 불쑥 들어옵니다.

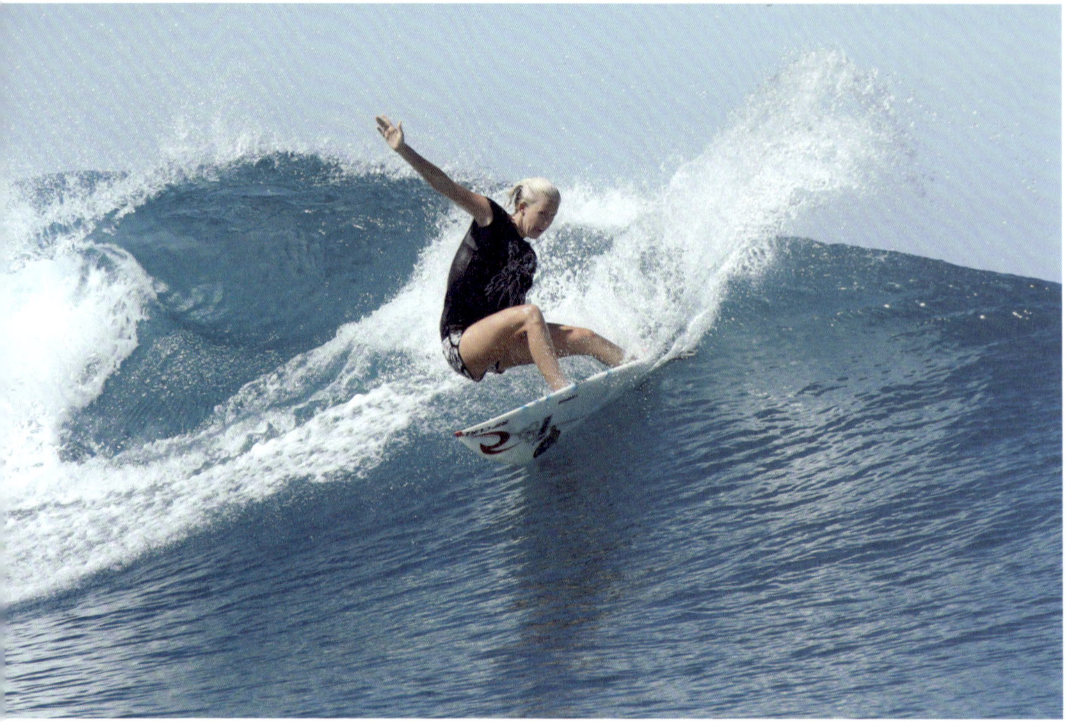

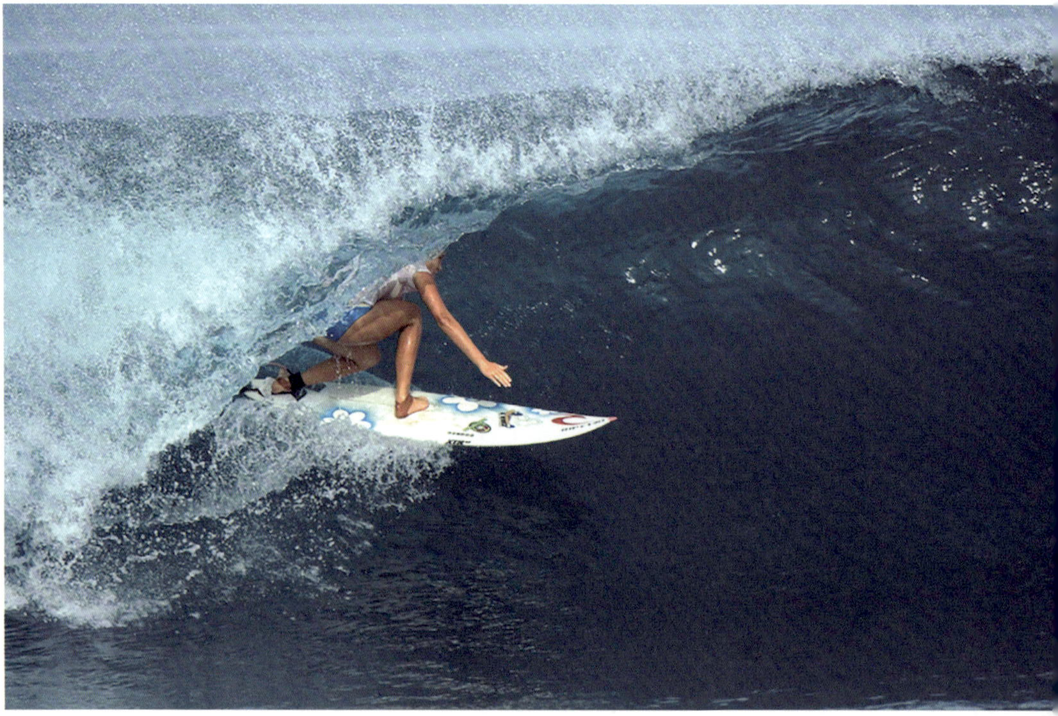

하나님의 창조를 돌보지 않고 건강하고 건전한 의미의 서핑 처치라고 이야기할 수 없습니다. 폭력적이거나 이기심에 가득한 서핑만을 한다면 다같은 서핑이라 해도 서핑이 아니며 이를 통해서 하나님을 전하기도 전에 문제를 일으키는 사건을 만들 수도 있습니다. 서핑 선교 근처에도 오지 못합니다. 그러므로 앞서 이야기한 농어촌에 오랜 터전으로 사는 현지인들과 서핑 문화 그리고 신앙인으로서 하나님의 몸된 교회가 바닷가에서 어떠한 연관성이 있는지 좀 더 깊이 생각해 봐야만 합니다.

### 1. 현지 살고 있는 농어촌의 원주민을 만나자

그리고 이야기를 들어야 합니다. 새로운 미지를 개척하는 것이 아니라면 이미 그곳에 살던 사람들이 있습니다. 이주해 온 지 1년 된 사람도 있고 5~6년 된 사람도 있습니다. 정말 오래 지낸 분들도 있습니다. 그곳에 태어나서 자란 이들만 아니라 대대손손 이어 그곳을 아름답게 하려는 이들도 있습니다. 그렇다면 그들에게서 삶의 이야기를 듣고 그들의 문화를 탐구하는 것은 당연합니다. 이들은 모두 그 땅을 사랑하는 사람들입니다.

### 2. 그리스도의 몸된 교회와 하나님 나라 그리고 서핑을 알자

서퍼들을 위해 선교를 하려면 거점 교회와의 만남이 꼭 필요합니다. 그들과 함께 호흡하거나 이권과 상관없이 사람 중심의 관계를 맺어가는 것이 중요합니다. 하나님의 복음을 들고 찾아가는 걸음은 십자가와 구원의 부활 소망을 잘 이야기하는 것뿐이 아닌 대상들에 대한 이해가 깊어야 합니다. 사도바울이 이야기한 유대인에겐 유대인처럼 헬라인에겐 헬라인처럼 다가가야 한다는 말씀에 대한 깊은 묵상이 있다면 서핑하거나 서핑 문화를 이해하려는 노력은 당연합니다.

## 3. 서핑과 바닷가 문화를 알자

서핑에 대한 이해만 아니라 바닷가 문화가 생활화되어 있어야 합니다. 도시에서 바닷가로 이사 온 이들이나 서핑 사업을 하는 이들을 천천히 조금씩 알아갈 필요가 있습니다. 이론이 가득한 활자나 책상에서 되는 것이 아니니 지금 바닷가로 나가서 직접 봐야 합니다. 급할 필요는 없습니다. 천천히 서핑을 배우거나 서핑 샵 근처 카페에서 점심을 먹으면서 그들의 삶을 아젠다 없이 들여다봅니다.

우리가 서핑을 생활화한다면 특정 생활 방식 곧 라이프스타일(Lifestyle)이 필요합니다. 삶+스타일은 두 단어의 결합으로 만들어졌습니다. 우리의 삶은 그리스도를 따라 사는 날마다의 연속이라면 스타일은 서핑이 되고 습관화된 반복적인 일상이 됩니다. 이 세대를 본받지 않고 마음은 그리스도로 새롭게 합니다. 삶은 말씀으로 가득 채워 선하고 온전한 것들을 가지고 스타일은 서핑 문화를 가지고 살아갑니다. 이것이 서핑 선교의 라이프 스타일입니다. 복음을 들고 하나님께서 보내주시는 바람에 이끌려 믿음으로 장애물과 같은 험한 바다를 항해하는 삶을 산다면 서퍼들에게도 복음은 가깝게 닿을 것입니다. 때론 물길을 잘못 읽을 수 있습니다. 안다고 착각하고 갔으나 탈 수 없는 거대한 파도를 만나기도 합니다. 그때마다 겸손히 주를 의지하고 온전히 이끌려 살아갑니다. 그곳의 사람들과 함께 복음을 품은 사람들로서 선한 영향력을 흘려보내는 그들이 모두 파도 타는 교회입니다.

# 부족화되어 가는 세대

아래부터는 신학생들과 선교적 삶을 살고자 하는 모두에게 나눕니다. 위해 평어로 어투를 바꿉니다. 이후에 인스타그램/ 스레드에서 다양한 토론과 피드백도 대환영입니다. 사랑하고 축복합니다.

포스트 코로나와 4차 산업혁명으로 시대가 급변하고 있다. 핵화되어 살던 포스트 모던 시대를 지나왔다. 개인주의는 이제 일반화되어 표면에 확연히 나타난다.

교회나 공동체가 안정감을 주고 협력과 합동으로 긍정적이기보다는 지나친 간섭과 확장된 사회생활로 인식하나 싶다. 안타깝다. 그럼에도 끈끈한 가족애와 서로를 믿고 의지하며 함께 하는 공동체와 대가족들은 정말 아름답다.

코로나19가 지나며 세계가 변화에 가속화를 가져왔다. 여가 생활과 삶의 여유는 약간의 변화구를 던진다. 그런데 이 작은 삶의 변화가 엄청난 변화를 가져다주기도 한다는 사실이 무시할 수 없다. 자전거를 타든 캠핑을 하든 뭔가 끈끈하다. 다른 형태의 공동체가 형성되고 있다는 것을 느낀다. 이를 사회학에서는 대체 종교라 불렀던 기억이 있다.

오늘에 와서는 부족화 사회라고 하는 것이 더 정확하다. 서핑, 트레일 러닝, 암벽타기, 인터넷 카페에서나 자신의 방에서 게이머로 활동하는 고수들이 있다. 이들이 약간의 여가와 다른 것은 라이프 스타일을 가졌기 때문이다. 삶이 그 한가지로 가득하다. 그리고 그러한 사람들과 어울려있다.

부족화는 부족들 간의 부와 권력과 사랑을 든든하게 키워가고 그 안에서 삶의 모든 것이 흘러간다. 이 부족화 사회에서는 가족보다 몸담고 있는 부족에 더 많은 시간과 관심을 쏟는다. 이것이 우상숭배로 보기에는 애매하다. 하나님을 사랑하는 사람들은 그 안에서 하나님을 경외하며 그들에게 복음을 전하기 때문이다. 단죄할 수 없다.

그렇다면 다음의 4가지를 살펴봐야 한다. 그리고 이 끝에 있는 영역을 더욱 깊이 있게 논의할 것이다.

1. 교회와 교회를 위한 기관들(신학교/선교단체)
2. 교회 밖에 있는 교회를 위한 기관들
3. 비즈니스 에즈 미션 +
   비즈니스 포 미션(Business As/For Mission)
4. 소개하기 전에는 알 수 없는 세속의 신앙인들

각각의 영역에 설명할 것들이 많으나 부족화되는 사회현상에 비춰 그 부족으로 들어가 함께 복음을 위해 사는 4번 영역에 있는 사람들의 이야기를 나눠보면 이렇다.

비신앙인들과 어울려 살며 그리스도인의 본을 보이는 이들이다. 비신앙인들과 무신론자들을 섬겨야 할 전도 대상자로 규명하기도 한다. 어떤 이는 그러한 규명 없이 함께 산다. 사람을 바꾸거나 변화시키려는 의도를 가지면 함께하는 이들이 이미 알고 급하게 거리를 두기 때문이다. 그저 그들과 함께 살며 그리스도인의 가치를 가지고 가까이 지내면 귀납적 깨달음이 그들을 바꿀 것이라 믿는다. 아브라함 카이퍼의 영역 선교를 넘어 더 디테일하게 나눌 필요가 있다고 하는 이들도 있다.

성령 하나님께서 나와 그들의 관계 속에 지속적으로 역사하실 것을 믿고 있다. 오고 가는 대화와 만남을 통해 하나님을 앎이 시작되고 매우 자연스럽게 전도가 될 수 있기 때문이다. 매우 유기적이다. 그러나 시간이 참 오래 걸린다는 단점이 있다. 이 모든 것이 매우 생소할 수 있다. 우리는 교회와 교회를 위한 일들이 전부였거나 조금 힘을 써서 단기선교에 동참했다.

더 나아간다면 BAM 운동에 참여하는 그리스도인들의 삶을 성숙한 신앙인으로 보아 온 탓이 크다. 사회적 기업처럼 본인의 사업을 선교화하는 것은 결코 쉽게 볼 일이 아니다. 또 교회 밖에서 교회를 위한 일을 하는 분들도 그러하고, 몸 된 지구촌의 교회들을 온전히 세워 나가는 일에 참여하는 모두 거룩한 하나님의 일이다. 이를 Life As Mission(LAM)이라고 이야기하기도 한다.

교회와 세속을 구분하지 않고 삶 속에 하나님 나라를 살아가는 모든 이들을 이야기한다. 신앙은 삶으로 보여지는 것이고 복음을 일상 속에서 이야기하는 라이프 에즈 미션이라고 얘기했으니 LAM으로 사는 사람들이 4영역의 사람들이라고 말할 수 있다. 이 모든 영역에 몸담은 이들이 서로 협력하여 선을 이룰 때 우리는 하나님의 손과 발이 되어 추수의 때에 놀라운 곡식들을 거두어들일 것이 확실하다.

주여, 우리를 통하여 모든 부족화 사회에서 구원의 역사를 이루소서.

## 새로운 농어촌 생활문화와 부족화 시대를 넘어

신개념 농어촌 선교는 분명 농어촌에 계신 현지의 주민과 함께 사람을 살리는 일이 되어야 한다. 부족화 시대의 청년들이 도시에서 그곳으로 몰려온다. 영적인 것과 일상이 균형을 잃으면 사람은 살 수 없다. 보이지 않는 본질과 이상만을 꿈꾸면 보이는 일상과 현실이 무너진다. 뒤집어 생각해도 마찬가지이다. 현실 문제만 보면 하나님이 보이지 않기 때문이다. 영원한 생명과 하나님의 사랑은 온통 마음이 빼앗긴 현실에 영혼까지 어두워지고 만다.

지금 사람 살리는 일에 관해서 이야기하고 있다. 농어촌 교회들과 사람들이 있는 바닷가를 살리는 일을 이야기하는 것이다. 저물어 가는 양리단길을 보자. 서핑 버디의 말처럼 양양군의 예쁜 '인구리'라는 이름 두고는 양리단길이라니! 당최 양리단길이 뭔가 싶다. 돈과 이권이 뒤엉키고 도시계획도 도시개발도 너무 빠른 속도로 받아들이면서 엉망이 되어버렸다. 10년이 되어 강산이 멋지게 변하기는커녕 엉망진창이 되어 쓰레기장이 되었다.

많은 아이가 서핑을 배워야 한다는 분명한 입장을 가지고 여름이면 함께 지냈다. 멀지 않은 곳에 숙소를 집 삼아, 비빌 언덕 삼아 있었다. 허나 누워도 잠을 한숨도 자지 못했다. 강산이 10년에 쓰레기장이 되니 누워도 잠들지 못한다.

주일 아침 바닷가 팝업 처치 예배를 준비하기 위해 해가 뜨는 시간에 나가 준비한다. 5시쯤 새벽에 나가려는데 4:30 클럽에서 나오는 청년들이 맑은 하늘에 뜨는 태양을 보면서 신이 난 목소리로 "어머, 어머! 해뜨는 거 이쁘네"라 소리를 질러댄다. 그런 상황이야 대충 웃고 넘겨도 소나무 옆, 강남 한복판을 연상시켜 주는 쓰레기며 해변에 고운 모래는 없고 찢어진 돗자리와 술병 가득한 것을 보면 어이가 없어 어질어질하다.

문제는 이렇게 급변하는 사업이 이곳을 사랑하는 로컬들과 떠나지 못하는 주민들에겐 지옥이 된다. 밤 11시면 한 클럽에서 파티를 시작한다. 반대편 클럽도 지지 않고 볼륨을 올리기 시작한다. 그 소리가 산을 타고 LED 빛 공해로 먼 곳 골짜기까지 밝게 보이면 이 빛 공해와 소음은 잠을 청하려는 지역 주민들과 할머니와 여름을 나려고 온 손주들에게 지옥이 따로 없다. 다 돈 벌자고 하는 일이고 아이들이 옆에 있어도 양보 없다. 다들 그러고 있다.

4대째 태어나 그곳에서 큰 청년과 밤을 지내며 이야기 나눈 것에서는 상상도 못한 일들이 쏟아져 나온다. 또 오래 양양군 공무원으로 계시던 선생님과의 자리에서 시 한 소절이 쏟아져 나오는 듯한 해안을 듣는다. 대안이다. 지금 같으면 프리스타일로 쏟아 낼 구절구절들이 귀했다. 규범과 법적 대응으로 바꿀 수 있는 일이 아니라 하셨다. 정서와 문화를 만드는 일, 곧 긴 싸움이 될 것이라는 말씀이었다.

한 곳에서 사람과 서핑, 그리고 서핑 문화를 아껴온 이들은 아쉬움이 가득하다. 서핑도 없고, 문화도 없고, 삶도 무시된 그곳을 보면 한숨이 깊다. 그들의 이야기를 살펴보면, 돈과 번영만을 꿈꾸는 이들에게 균형이란 찾아볼 수 없다는 말들이 아직 생생하다. 한숨을 담은 이 말들이 모두 소중했다. 진심으로 지역과 사람들을 사랑하고 있다는 것을 마음 깊이 느꼈기 때문이다. 그저 이기적으로 잘 먹고 잘사는 것에 몰입한 이들은 7년 전이나 오늘이나 같은 얘기를 했으니, 문화도 정서도 아이들의 미래도 삶도 이웃들의 건강도 다 아무것도 아니었다. 이건 사람이 할 짓이 아니다.

곧 어떤 이유에서든 유행이 사라지고 클럽은 다시 사람들 발길이 끊어지면 여긴 상처만 가득 남은 죽은 고목처럼 유령도시가 되어있을 것이다. 서핑 문화가 건강하게 자리를 잡기 전에 자리한 자본과 이권 전쟁으로 총칼 없는 싸움 후의 공허만 가득할 것이다. 폐가들과 빈 건물만 옛이야기를 한다면 누가 발길 하겠는가 말이다. 서핑도 문화도 마을도 박살 나 있을 것이 분명하다. 그러기 전에, 지금 막아야 한다.

중심에 비즈니스 에즈 미션이 있다. 하나님께서 사람들을 살리기 위해 이끄신 한 팀이라고 부르고 싶다. 전략적 팀워크를 통해 도시를 살리는 일들을 하는 사람들이 함께하며 힘을 실어주어서 살아난다면 강력하게 밀고 들어와 주어야 한다. 자본이 밀고 들어올 때 문화와 정서와 지성을 그리스도의 본질로 가득 채워서 좌로 찌르고 우로 돌진할 이들이 필요하다. 이미 망했거나 거의 희망이 없다며 지역은 망조를 보고 있다고 이야기하는 이들 사이에서 '인구리'가 좋은 본을 보여 주기를 기도하며 진심을 담아 바란다.

# CHAPTER 2

# 서핑과 선교

넘어지지 않고 넘어지지 않는 법을 배울 수 없다. 언어유희이다. 그러나 조금만 생각해 보면 말뜻을 알 수 있다. 넘어지지 않으려고 힘을 쓰면 큰 사고로 연결될 수 있다. 더 크게 다친다. 안전하게 넘어지는 법을 배우고 균형을 잡기 시작하면 넘어지지 않게 된다. 그렇게 서핑은 오랜 기다림이 필요하다.

경지에 이르려거든 오랜 시간 반복을 경험해야 한다. 좋은 연습이 필요하다는 말이다. 글을 쓰는 것도 그림을 그리는 것도 그렇다. 연구하고 연마하는 모든 것이 그렇다. 이 세상 모든 것이 통과해야 하는 고통스럽고 빨리 지나지 않을 것만 같은 깊은 밤이 있다.

서핑도 예외 없이 연습과 기다림과 반복을 통해 경지에 이르게 된다. 예술의 경지에 이르는 것에 목숨을 건다면 그는 진지한 서퍼일 것이다. 생업을 이어가는 프로 서퍼이든 아마추어 서퍼로 취미 활동을 하는 것이든 물 흐르듯이 자연스럽고 부드럽게 서핑하려면 많은 연단의 시간이 필요하다.

운동이 그렇다면 신앙의 깊은 경지를 걸으려는 크리스천의 삶도 이와 같다. 묵상한 말씀을 삶으로 표현하고 교회 공동체를 넘어 직장, 가정, 거리에서 하나님의 마음으로 살아가려면 오랜 시간의 연습이 필요하다. 경건의 연습을 통해 신앙의 아름다움을 깊이 있게 나타낼 것이다. 이를 위해 교회 공동체는 함께 힘을 더해 그리스도의 몸된 지체들이 굳건한 믿음으로 살게 한다.

하나님께서 교회를 우리에게 허락하시고 성령께서 오늘도 신앙 공동체를 통해 일하시는 이유이다. 아름다움을 세상에 표현하게 하신다. 그리스도께서 본을 보여 우리들도 그렇게 살 수 있게 도우신다. 성령 충만한 사람의 삶을 들여다보면 알 수 있다. 성령 충만한 사람들은 하나님으로 충분하고 만족한 상태에 있다. 그러한 하나님의 사람들에겐 다음의 두 가지가 분명히 나타난다.

말씀과 기도가 부족함 없이 충만하게 가득 차 있으니 심령이 하나님만으로 만족해 있다. 전자인 '말씀'은 의로 교육하고 훈계로 잘 다듬어 개개인과 공동체로서 하나님의 교회가 나아가야 할 바를 알게 한다. 그리고 하나님의 마음에 합하여져서 성령이 구해야 할 바를 알고 그에 따라서 살게 된다. 그것이 성령과 연합한 개인과 공동체가 기도하는 모습이다. 성령에 충만한 상태로 교회의 성장을 돕게 된다.

서핑은 바다에 대한 이해와 서퍼의 균형감각이 다가 아니다. 바다의 흐름, 바람의 강도와 방향, 그리고 사용하는 장비의 올바른 사용법을 터득할 때 모든 것이 아름답게 하나의 동작으로 완성된다. 하나씩만 터득하고 알아도 참 오래 걸린다.

이 모든 것은 시간이 켜켜이 쌓이며 결국 서핑이 시작된다. 이 과정에서 잊지 말아야 하는 것이 하나 있다. 바로 넘어지는 것이다. 그러나 그냥 넘어지는 것이 아니다. 잘 넘어지는 것이다. 잘 넘어진다는 말이 우스울 수 있다. 그렇다면 이것은 어떤가? 넘어지고 난 후 툴툴 털고 일어날 수 있는 정도의 실력을 키우는 것이다.

서핑 용어로는 Wipe Out이다. 대회에서 가끔 Best Wipe Out 상도 준다. 그러니 넘어지는 것은 선수의 연속적인 훈련 속에 꼭 필요한 과정인 것을 모두 알고 있을 뿐 아니라 그 고통을 깊이 느끼고 있다. 모두 그것을 견디고 이겨 더욱 강해진다.

처음 파도를 탈 때 물에 빠지는 것도 잘해야겠지만 시간이 흘러 실력이 좋아진 후에도 그렇다. 큰 파도를 탈 때의 와이프아웃은 호흡을 잘 못하면 큰 사고로 이어질 수 있다. 따라서 Apnea 훈련을 통해서 숨을 깊이 마시고 참을 수 있는 기술이 필요하다. 큰 파도에 넘어지면서 몸에 힘이 들어가면 근육의 이완 수축이 반복된다. 이때 산소가 이산화탄소로 전환된다. 연습을 통해 반복적으로 몸에 힘을 빼는 것을 배울 수 있다. 심지어 숨을 깊게 마셔 5분도 참을 수 있게 된다.

신앙도 이와 같이 깊이가 더 할수록 더 깊은 영성과 가치를 추구하는 삶으로 나아가게 되어 있다. 그렇게 되어야 한다. 일흔 번씩 일곱 번 용서하는 것은 용서가 일상이 되는 것을 의미한다. 처음부터 그렇게 살 수는 없을 것이다.

오직 성령의 인도하심으로 가능하다. 성령 하나님의 도우심으로 인격의 성숙을 이루는 것이다. 주님과 하나되어 온전한 한 사람이 되는 것 말이다. 그렇게 그리스도인으로 살게 된다. 그리스도의 제자가 누리는 구원과 성화의 삶이다. 깊이 있는 신앙이 주는 삶의 유익이다.

매해 오순절을 지나면 다시금 깊은 성령 하나님의 위로와 강력한 권위로 교회 위에 능력을 부으시는 역사를 위해 기도한다. 우리 교회가 영적인 자리로 나아가도록 인도하시길 기도한다. 아바 아버지, 바닷가의 모든 교회가 아빠를 의지함으로 나아가는 주의 교회가 다 되게 하소서.

라이트 나우 미디어 설교 본문

# @RIGHTNOW MEDIA

## 균형을 잃어도 다시 함께 일어나서

삶의 무거운 짐들 때문에 어디론가 도망가고 싶은 사람들은 분명히 있다. 해결할 수 없는 문제들 앞에서 나의 삶이 무너졌다 싶은 사람들도 있다. 휴가철이나 공휴일에 바닷가로 서핑을 떠나거나 훌쩍 캠핑을 가는 이들을 곳곳에서 만난다. 그런데 서핑하러 와서도 맘이 편하지 않다. 또 잔치하듯 신나게 캠핑을 마치고 긴 여행에서 돌아왔는데 공허한 마음이 든다면 삶을 돌아보게 된다.

어린아이에서부터 청년과 노인에 이르기까지 서핑을 가르치면서 모두 안전하게 행복한 시간이 되기를 바라는 마음을 항상, 늘 가득히 가지고 있다. 목사로 살면서도 같은 마음이다. 한인 2세와 3세 아이들부터 어르신들에 이르기까지 한 사람 한 사람 몸과 마음뿐 아니라 정신과 영혼도 하나님 안에서 늘 건강하게 은총과 권능의 그늘 아래 계시기를 바란다.

그러나 "어떠한 어려움도 없게 하소서"라고 기도는 드리지 않는다. 왜냐하면 우리는 흔들리고 넘어지고 쓰러지고 다시 일어나면서 성장하고 성숙하기 때문이다. 그렇게 지혜로운 한 사람으로 성화, 하나님을 닮은 형상으로 변화되어가기 때문이다.

바위와 자갈과 조개껍질로 만들어진 모래는 동식물이 죽어 생겨난 흙과는 분명히 다른 성질의 물체이다. 하는 역할도 다르다. 마태복음 7:25~26절은 흙도 아니고 모래도 아닌 반석 위에 지은 사람을 지혜롭다고 이야기하며 본문에 등장하는 이들을 비교한다.

예수님의 활동 지역들은 지중해 해안가와 갈릴리 호수를 두고 있기 때문에 이런 말씀을 사람들은 쉽게 이해할 수 있다. 흙 위에 지어도 불안할 것이고 모래 위에 지으면 비만 와도 안절부절못할 것이다. 모래 위에 집을 짓는 어리석은 사람은 없다. 모래는 불완전한 상태이다. 집을 짓기에 불안하다. 비가 내리면 불안하고 파도가 치면 다 곧 무너져버리니 불안하고, 우울하고, 찝찝하고 답답한 그 상황을 가만히 두고 늘 바쁘게 살아간다면 어느새 한곳으로 기울어져 쓰러질 것이다. 우울증, 불안감, 조울증, 은둔 사고, 과대망상, 불면증 등 그렇게 더욱 심각하게 기울어지면 결국 삶이 무너질 수도 있다. 그러나 끝은 아니다. 우리가 느끼는 불안과 우울감은 모래와 같다. 우리의 삶이 우울하고 불안한 상태에 있는데 돌보지 않고 계속 달려간다면, 그렇게 살아 간다면 무너지고 말 것이다.

우리가 신앙이 있다고 해서 그것을 완전히 피할 수 있는 것은 아니다. 오히려 믿음을 갖고 있을 때도 불안과 우울은 우리를 괴롭히곤 한다. 오늘 말씀은 그것을 지적하고 있다.

말씀을 듣고도 행하지 않는 신앙심과 종교성만 강한 이들은 어딘가 균형이 깨어진 삶을 살고 있다고 말씀하신다. 마태복음 7장의 이야기이다. "그날에 많은 사람이 나더러 이르되 주여 주여 우리가 주의 이름으로 선지자 노릇하며 주의 이름으로 귀신을 쫓아내며 주의 이름으로 많은 권능을 행하지 아니하였나이까 하리니 그때에 내가 너희에게 밝히 말하되 내가 너희를 도무지 알지 못하니 불법을 행하는 자들아 내게서 떠나가라 하리라 그러므로 누구든지 나의 이 말을 듣고 행하는 자는 그 집을 반석 위에 지은 지혜로운 사람 같으리니"(마 7:22-24) 라고 말씀하신다.

그러니 말씀을 듣고 하나님의 뜻을 따라 행하는 사람은 지혜로운 균형이 잡혀 있는 사람이라 말씀하고 계신 것이다. 본문 말씀의 대조는 확실하다. 지혜로운 사람과 어리석은 사람, 곧 균형이 있는 사람과 균형이 깨어진 사람이다. 그렇게 불안한 곳에 집을 짓는다는 것, 바닷가에서 모래성을 쌓던 어린아이들도 이상하게 볼 것이다.

불안과 초조한 삶을 늘 우울하게 끌어안고 살고 있다는 이야기이다. 어떤 형태의 반복이 있다는 이야기이기도 한다. 곧 하나님의 뜻대로 사는 거룩한 삶의 연습을 반복하는 사람이거나 신앙심만 있고 늘 하나님 말씀과는 상관없이 비판하고 흠잡고 험담하고 더 나아가서 술로, 연애로 오락만으로 삶을 허비한다면 모래 위에 짓고 돌아보지도 않는 삶을 사는 것과 같다. 안다고 다 안다고 하면서 하나도 실천하지 않는 사람들이다.

서핑을 가르칠 때도 그렇다. 잘 배우고 싶은 마음이 있는 사람들은 경청한다. 바로 적용하기 위해서 본인이 지금 잘 이해하고 있는지 질문한다. 질문하고 적용할 계획을 세운다. 어떻게 실행할 것인지를 위해 꼭 필요한 작업이다. 반면 스스로에게 취해있는 사람들은 엉망이다. 마음에 있는 것이 바다에서도 같이 나타난다. 멋을 부리며 스스로 잘 안다고 생각하는 사람들의 균형은 늘 엉터리다.

이런 사람 중에 무엇이 잘못되었는지 깨닫고 고치려는 이들은 그렇게 예뻐 보여 하나라도 더 가르쳐 주게 된다. 당연하지 않은가. 신앙인의 삶도 그렇다. 우리는 단단한 믿음 위에 서서 신앙과 일상의 균형을 유지하며 삶을 진실하게 걸어가야 한다. 순간 흔들릴 때도 있고, 또 넘어질 때도 있지만 들은 말씀을 다시 떠올리며 일어선다. 문제를 파악하고 그곳을 피하거나 뚫고 빠르게 돌진한다.

서핑을 통해 문화로 선교하는 이들은 하나님이 창조하신 자연의 섭리 안에서 많은 이들에게 위안과 희망, 용기를 전한다. 단순히 취미와 즐거움을 넘어 하나님의 사랑과 말씀 위에 서서 균형 있는 신앙인의 삶, 곧 삶의 예배를 이야기할 수 있다. 믿음(신앙)이라는 서프보드를 타고 세상이 퍼붓는 불안과 우울을 삶의 균형으로 멋지게 극복하는 그리스도인이 되기를 소망하며 걸어간다. 그렇게 걷다가 꼭 만나고 싶다. 균형 잡힌 사람들, 쓰러져도 다시 일어나 정비하고 툴툴 털고 걸어가는 묵묵한 사람들 말이다.

## 우리는 어떤 문화를 원하는가?

지금 한국 서핑 문화를 이야기해야 한다. 그러기에 앞서 해변 문화의 심각성을 다뤄야 한다. 우리 신앙인들은 늘 본질적으로 하나님 나라와 의를 추구하고 이 땅에서 이뤄지는 하늘 소망을 꿈꾼다. 하나님의 나라와 의가 한국을 넘어 세계 바닷가에 나타난다면 어떤 모습이겠는가 생각해 본다. 서핑과 선교를 들여다보기 위해 바닷가 문화를 깊이 들여다보자.

해변 곳곳을 시작으로 확산되고 있는 양양문화는 애당초 문화를 세팅하는 것이 MZ를 대상으로 한 유흥이었으니 곳곳에서 이를 저격하는 다양한 글이 나올 법하다. 코로나 기간에도 한쪽에서 부지런히 사업을 해왔다. 해변 DJ 공연과 파티들이 대표적이다. 상업적으로 매우 성공적이었다. 타 서핑 커뮤니티들과 서핑 학교들에는 비교되지 않는 요인들로 이목을 끌었다. 시작부터 마케팅 전략이 훌륭했다. 로컬 문화와 서핑 문화를 생각하는 사람들의 관심/관점과 매우 다르다. 같은 문화인 듯 하나 결이 다르다.

필자는 지난 10여 년간 그쪽에 한번을 가본 적이 없다. 앞으로도 갈 일은 없을 듯 싶다. 양양 서핑엔 죽도해변과 기사문, 고성이 있는데 파티만 있는 곳에 굳이 왜 가겠는가 말이다. 그들도 하나의 문화를 누리고 소비하기 위해 가는 것은 인정한다. 다시 말하지만, 무조건 이러한 문화에 적대적이지 않다. 그것도 하나의 문화이다. 그저 필자가 가서 그러한 모습들을 보는 것이 싫을 뿐이다.

## 서핑 한국과 서핑 캘리포니아

전쟁 이후 미국은 X세대들로 큰 문화적인 충격과 혼란에 빠지게 된다. 비치 범(Beach Bum)은 빙산의 일각이다. 20세기 반복적인 전쟁을 앞장서서 이끌어온 미국의 기성세대를 반대하고 더 이상 젊은이들을 총알받이로 보내는 정부와 기득권 세력에 대한 신뢰는 없다. 충돌이었다. 반정부적 반항아 기질이 X라는 단어에 다 담겨 있다. 세대를 구분하고 연구하는 이들은 그런 세대를 기성세대와 정반대의 입장에 놓기도 한다. 기성세대와 기득권자들은 젊은이들이 명예로운 죽음을 담보로 부와 권력을 쌓았다. 그렇지 않은가?! 나라를 위해 충성을 다하라! 승리가 우리의 것이니 안정된 너의 미래는 나라를 위해 젊음을 바친 결과물이다. 우리가 너의 미래와 가족들을 책임지겠다. 다만 네가 전쟁에서 살아 돌아와야 누릴 수 있긴 하다. 이런 모습은 영화 지저스 레볼루션(2023)에서 잘 나타나 있다.

1970년대의 서핑은 서핑 캘리포니아로 소개되어 있다. 한국은 1980년대에 와서야 소개된다. 히피들과 X세대가 넘치던 시대이다. 그러니 바닷가에 비치 범들과 서프 범들이 넘쳐난 것이다. 그들의 삶은 간헐적 노숙에 가깝다. 히피들은 자유를 찾고 있었고 어떤 의미에서 진정한 진리를 찾고 있었다. 달리 얘기하면 '삶'을 찾고 '나'를 찾고 싶어 했다. 그래서 X세대이다.

세대 연구자에게는 베이비붐 세대 이후로 구분하기 위해 매우 중요한 수식이다. X세대 다음엔 Y세대와 Z세대가 순차적으로 나오기 때문이다. Y는 Y2K의 Y이며 밀레니얼 세대의 M의 본의이다. 그렇게 MZ세대가 X세대를 이어서 나오게 된다는 것은 이전 글들에서도 여러 번 다루었다.

그 시대의 그 모습들을 지금 한국이 따라 하는 듯하다. 그렇게 다가오는 알파 세대 및 그 다음 세대를 논의하기 위해 지금의 문화를 들여다봐야 한다. 유흥이 판을 치는 문화를 보고 있다. 그러나 보고만 있을 생각은 없다. 운동을 일으킬 생각보다는 한 곳에서 변화를 위해 생각이 있고 마음이 있는 청년들과 동주의 시를 읽고 싶다. 도산의 시라도 읽고 노래라도 부르고 싶다.

**양양 서핑 문화는 지금도 진행 중이다**

수단만 있는 곳에는 목적이란 없다. 라이프스타일이 전부인 서핑에 삶은 없고 소비만 남았다? 어느 편집자 글의 시작이 그랬다. 사실 코로나에 눌려온 이들의 목적 없는 낭만과 MZ 유흥만 있다. 양양에 있는 소위 '양리단길'도 마찬가지이다. 굳이 부정적으로만 볼 마음은 없다. 열심히 살아왔고 여름휴가에 쉼을 얻고 싶었을 것이다.

방법이 늘 그런 것을 뭐라 하겠는가. 그러나 마을의 어르신들과 현지의 문화에 대한 진지한 고민과 함께 만들어가는 상생의 철학과 건설적이고 건전한 문화 지킴이의 열심보다는 마케팅이 짙다.

신앙인들이 바라는 하나님 사랑 이웃사랑과는 당연히 거리가 멀고 이타적인 사고와는 정반대인 이기적 가치만 남아 있다. 삼면이 바다인 한반도 어디에도 서핑을 수단화하여 이만큼 돈도 사람도 끌어모은 곳이 없다. 돈벌이 수단이다. 그렇게 모든 바닷가 문화가 그러하다고 떠드는 이들도 있다. 서핑 선교도 서핑도 망가지고 있는 듯 보인다.

**서핑 사업이 망가지고 있다**
늘 서로가 지켜야 할 것을 지킨다면 문제가 되지 않는다. 서핑 강습에도 나타나지 않는 예약 강습생들과 클럽은 관계가 깊다. 문제는 클럽이 그렇게 만든 것이 아니라 스스로 돌보지 못한 '노쇼' 개인에게 화살이 간다. 당연하다. 클럽이 그들을 서핑 강습에 못 가도록 한 것이 아니기 때문이다.

이러한 일들이 반복되면서 강습에 늦게 나타나는 일부터 노쇼도 비일비재하다. 강습에 인원 초과로 참여하지 못한 이들은 물론 기회를 미뤄야 했다. 강습을 받는 다른 참가자들에게까지 피해가 가는 것은 당연하다. 낭만적이고 휴가철 여유로 유연하고 친절한 마음에 백번 양보하며 너그럽게 넘어간다.

한두 번은 그렇다. 이러한 일들이 반복적으로 일어나는 현장에서 일하는 이들은 그저 울며 겨자 먹기를 할 뿐이다. 그 안에 있었던 서핑 문화에 대한 애정도 영향을 받기 시작한다. 아이들부터 노인에 이르기까지 건강한 문화로 한 걸음씩 성장하게 도우며 마을을 꾸며가고자 했던 생각은 자본에 밀리고 무례한 손님들에 밀려 다른 출구를 찾지 못하는 길을 잃은 샵들도 있다.

다시금 일찍이 바라던 아름다운 죽도와 서핑으로 행복한 이야기를 가득하게 할 현지 사람들과의 이야기를 멋지게 만들어 쌓아가야 한다. 100대가량의 차를 주차할 수 있는 바닷가 문화가 문제라고 생각하지는 않는다. 늘 암묵적으로 공조해 왔고 서핑 컬처가 사용되는 것을 바라만 보고 왔으니 할 이야기가 없지 않은가. 두 문화가 따로 아닌 함께 같이 간다는 이야기이다.

### 우리는 어떤 문화를 원하는가?

크리스천들은 서핑으로 건강한 문화를 만들 수 있는가? 당연히 가능하다. 아름답고 즐거운 마을에 어우러진 그런 문화가 가능하다. 'OOC PLZ' 행사가 지난 현충일에 열렸다. 2박 3일간 크리스천들은 모여 함께 노래하고 이야기를 듣고 나누는 시간으로 가득 보냈다. 크리스천 청년들과 다음 세대 사역자들이 로컬과 함께 문화를 만들어 간다. 로컬 셀러들이 참여한 마켓은 신앙인과 비신자들의 어우러진 장이었다. 이동 인구를 포함 70여 명이 주말에 현남중앙교회 마당을 가득 채웠다. 새로운 가능성이 열린 것이다.

함께 갈 것이다. 무엇이 옳고 그르다는 잣대와 비난의 손가락질보다는 본질적인 문제다. 삶의 가치를 어디에 두고 살 것인가에 대한 신앙과 어린아이부터 노인에 이르기까지 모든 세대가 함께 누리는 서핑에 가치를 둔 존재의 문제다.

그대는 어떻게 살 것인가? 신앙과 서핑이 만나니 존재론적 질문도 가능한 것이다. 저곳을 택해도 좋고 이곳을 택해도 좋으나 결과는 그대의 몫이다. 파도가 들어온다. 서핑하러 나가야 하니 그대의 결론은 다음에 듣기로 하자.

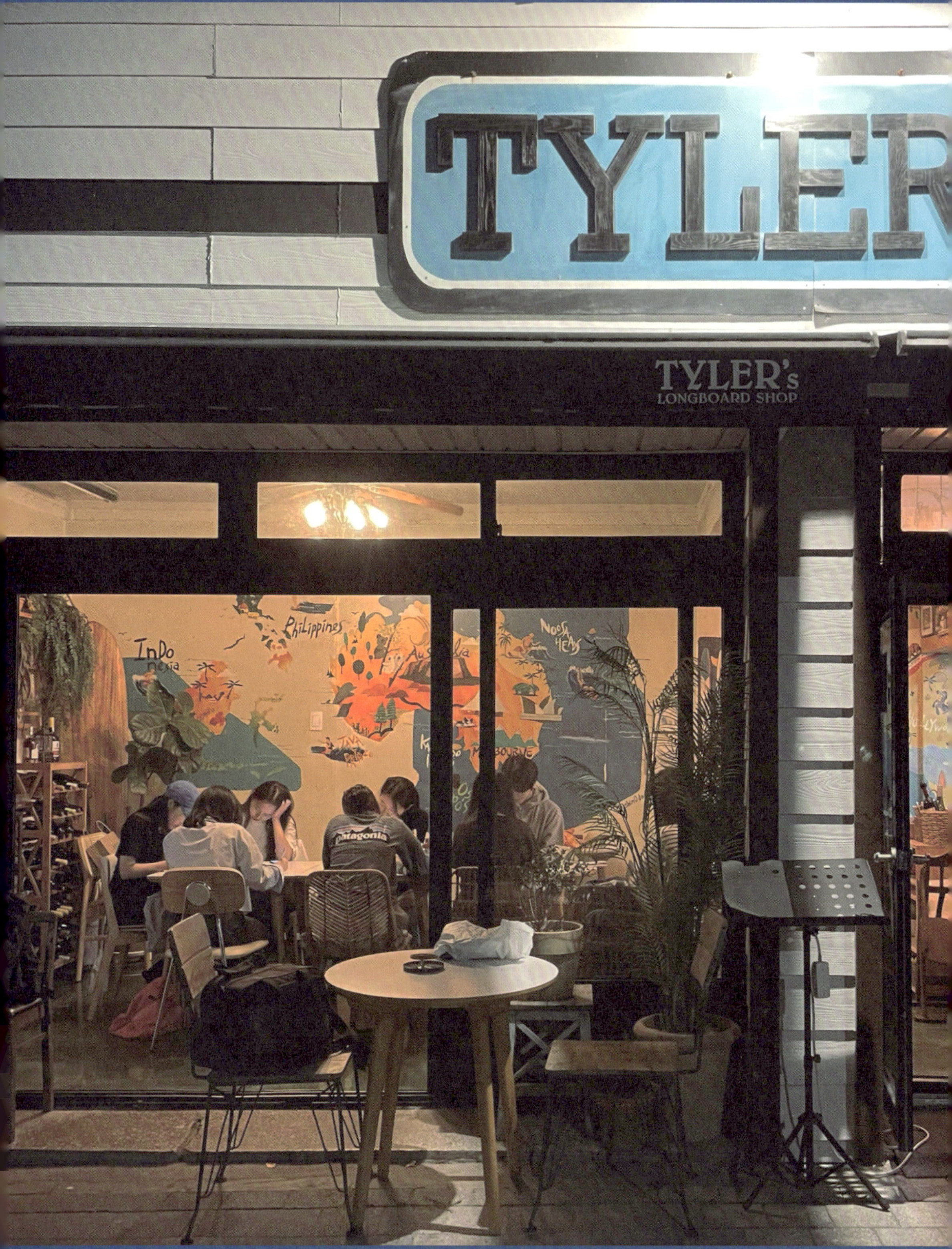
TYLER
TYLER's
LONGBOARD SHOP
InDo nesia
Philippines
Australia
NOOSA HEADS
MELBOURNE
patagonia

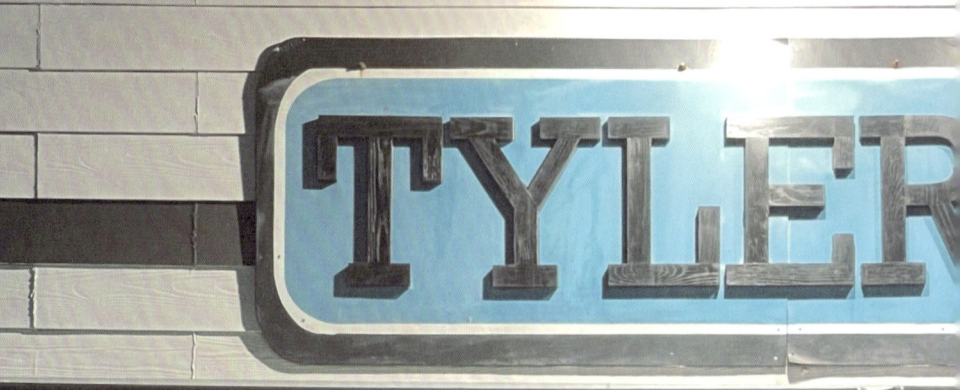

## 서핑이나 커피는 전도하는 도구이다

성경에는 쉬운듯 하지만 현대인의 시각에서 이해하기 어려운 구절들이 있다.

쉬지 말고 기도하라는 말씀과 함께 전도자는 때를 얻든지 못 얻든지 전도하라는(딤후4:2) 이해하기 어렵다.

육체의 한계뿐 아니라 마케팅적으로 효과가 떨어지기 때문에도 그렇다.

성과에 있어서 효율과 유용성을 따진다면 말이 되지 않는 이 말씀이 지금도 필요한 선교적 사명과 부르심에 연결되어 있기 때문이다.

쉬지말고 기도하라는, 기도하는 삶을 살라는 것과 때를 얻든지 못 얻든지 전도하라는 말씀도 전도하는 삶을 살라는 말씀으로 하나님의 뜻을 전하고 바라는 선교적 삶의 부르심이다.

전도하고 바로 구원영접까지 이뤄지는 능력의 삶이 매일 이뤄진다면 삶 서핑으로 하는 사역은 전도 전 사역(Pre-evangelism)부터 시작한다. 직접적인 구원 영접까지 긴 삶의 연속에 함께하는 것이다.

전도를 마친 후에는 교회와 연결하여 제자양육을 탄탄히 하고 교회 안과 밖에서 신실한 하나님의 사람으로 살아가게 된다.

어디에 있든지 무엇을 하든지 하나님을 사랑하는 사람으로 사는 것이 가능한가?

조금 이상하지만 이 모든 것이 서핑으로 가능하다. 단호하게 이야기할 수 있다.

서핑을 다니며 많은 이야기를 나눈다. 짧게는 1시간에서 길게는 서너 시간이 훌쩍 지난다. 단순히 오가는 길만 그렇다. 커피나 식사도 하며 두어 시간 서핑까지 한다면 하루종일 함께 보내기도 한다. 만남은 아주 진지하고 깊어진다.

수년을 함께 다니다 보면 서로의 이야기가 정말 단단하게 켜켜이 쌓인다.

노을지는 바닷가에서 함께 노래하기도 하고 돌아가며 기도하기도 한다. 찬양과 기도가 넘치는 날도 있고 깊은 이야기로 나눔이 끝이 없을 때도 있다. 낭만이다.

시시콜콜한 이야기 농담도 좋다. 안식과 쉼도 좋다. 그러나 뭔가로 시간을 모두 허비한다면 공허하거나 아쉬움이 남아 뒤를 돌아보게 될 것 이다.

삶의 이야기부터 영적인 이야기까지 많은 이야기들이 오간다. 그러다 한 명이라도 주께 돌아온다면 춤을 추며 잔치를 열고 모든 크리스천 서퍼들을 초대하여 먹고 떠들고 노래하며 기뻐한다. 그렇게 우리는 하나님 나라의 식구가 된다.

이후 교회에 연결되어서 교회 봉사뿐 아니라 제자훈련 후 사회로 나아가 하나님 나라의 복음을 전하는 하나님의 일꾼으로 산다. 이것은 10년 정도의 사역이며 긴 삶의 여정이다. 결코 좋고 나쁨의 문제가 아니고 쉽게 판단하거나 단정 지을 수 없다.

이렇게 서핑과 커피는 이 모든 여정에 함께하는 도구일 뿐 아니라 전도 전-구원영접-전도 후 모든 사역에 MZ와 Zalpha들을 위한다. 지금 세대를 위한 하나님의 선물이다. 지금 십대들은 미전도종족화로 복음 증거율이 급격하게 떨어져 있는 상태이다.

2013년엔 4% 미만으로 소개되었다. 도처에서 경각심을 품고 있는 이들은 십대들을 위해 애쓰며 달려가고 있다. 이들 중 가족과 가까운 이들의 사랑을 받으며 삶의 기쁨을 누리고 있는 이들도 있지만 모두에게 버림받은 이들도 있다. 삶의 최고를 살아가는 이들도 있지만 자살을 서너 번 시도한 이들도 있다.

그들을 위한 상담은 대부분 교회 밖에서 이뤄진다. 그들을 위해 벼랑 끝으로 달려가는 이들도 있다. 그래서 그리스도를 품고 서핑으로 다가간다. 그렇게 10~20대를 만나는 것에 큰 의미를 가지고 다가가며 다음의 5가지 가치가 중심에 있다.

**하나님 중심**

믿음에 초점을 두고 걷는다. 성경은 우릴 이끄시는 권위이며 이는 예수의 제자화가 우리를 나아가게 하기 때문이다. 이 모든 것에 기도가 답이다(Matthew 28:18-20).

**순결한 사람들**

하나님의 성품, 곧 경건하고 뭐든 의지할 만하며 진정성 있는 삶을 산다(Titus 2:11-12, James 4:17).

**모두를 끌어안는 포괄성**

다양함을 기뻐하고 공동체성과 관계 및 협력에 있어 국제적이고 근본적으로 다민족, 초교파적으로 열려 있는 사역이어야 한다(Galatians 3:28).

### 섬기는 마음으로

겸손, 희생, 신뢰로 이웃에 영향을 미치는 삶을 산다 (Matthew 20:26-27).

### 서퍼

파도 타는 사람들이어야 한다. "뭐 한번 해보지!"에는 큰 위험을 감수해야 한다. 그럼에도 변혁을 끌어내기 위해 탐험하고 시도하는 자세 멋지지 않은가! 이러한 도전의식과 열정이 기반에 깔려있어야 한다. 당연하지 않은가! (John 10:10).

오늘도 매일, 날마다 이렇게 살고 있다. 올 한 해 위 다섯 가지 가치들로 살다가 만나게 된 사람들의 이야기를 소개한다. 그렇게 다음 세대가 아닌 지금 세대와 만나는 이야기를 나눌 때 하나님께서 우리 마음에 다시금 복음과 생명을 위한 열정이 일어나게 하시기를 간절히 기도한다. 주여! 우리를 긍휼히 여기소서.

## 복음과 말씀에 이끌려서 사는 '소울 서퍼'

도시 속 낭비는 없다. 규율과 규칙이 가득하다. 차들은 바삐 움직이고 시간은 칼같이 날카롭다. 높은 빌딩들은 대기업과 안정적인 삶을 추구하는 이들의 경쟁으로 쉼이 없다. 이겨야 하고 이기기 위해서 무슨 수를 써서라도 내가 원하는 것을 이뤄야만 한다.

자연 속 낭비가 심하다. 시간이 흐르지만 흘러도 가만히 둔다. 모든 것이 자연스럽고 여유가 있다. 어떠한 규율도 없다. 나태하기 쉽고 이를 바르게 해야 할 어떠한 이유도 크게 작용하지 못한다. 가만히 있는 그대로 존재한다. 이 둘은 모두 우리가 지금 살고 있는 양극의 삶을 보여 준다. 빈부를 이야기하는 것보다는 도시와 농어촌을 생각해 볼 수 있다.

서핑은 이 양쪽을 모두 가지고 있다. 도시 속 탄탄한 회색 벽들 사이에 살다가 자연으로 달려드는 어번 서핑 애호가들이 있다. 또 자연 속에서 인류 본연의 모습으로 살아가려는 히피 서퍼들이 그러한 부류이다. 도시 사람들은 경쟁사회에서 지쳐있다. 이 스트레스를 풀어가는 과정이 매우 당황스럽다.

혹은 자연 속 낭비가 심한 자연적인 인간의 모습으로 버려진 듯 방황하며 살아가는 모습도 도시 속 스트레스가 높은 사회와 크게 다르지 않다. 양극단이 모두 복음이 필요하다. 이 두 가지 서퍼의 삶에서 복음을 접하고 삶의 의미를 찾은 세 번째 서퍼 그룹이 있다.

복음과 말씀에 이끌려서 사는 서퍼들을 '소울 서퍼'라고 부른다.

말씀을 따라 하나님 사랑과 이웃 사랑을 어디에서나 실천하는 사람들이지만 특히 바다에서 그러하다. 그들이 삶의 현장으로 가정과 일터로 학교와 지역사회로 돌아가서 여전히 하나님의 사람들로 살아간다. 서퍼는 누가 뭐라 해도 서퍼이다. 자랑하는 학벌도 사회적 지위도 물에서는 아무런 의미가 없다. 물에서는 목사도 직분도 의미가 없다. 그저 서퍼이다. 그들의 성격과 성품만 나타난다. 교회도 그러한 곳이지만 자연 속에서는 더욱 그러하다.

서핑하며 해맑게 웃는 이도 있지만 답답해하며 물을 마구 치는 이들도 있다. 허공에 소리를 지르며 물을 주먹으로 치는 이들도 있고 신나게 하이 파이브를 하며 응원하는 이도 있다. 잘 타는 이를 부러운 눈빛으로 한참을 바라보는 이들이 있는가 하면, 모든 파도를 다 타겠다고 고집부리며 다른 이들을 못 타도록 방해하거나 빼앗아 타는 이들도 있다.

이런 다양한 이들 사이에서 물에 떠 있는 이들은 모두 다 서퍼이다. 물이 그들을 감싸고 있는 것처럼 하나님의 사랑이 늘 그들을 감싸고 하나님을 알 만한 것들로 가득 채워주신다. 우리 삶의 여정이 서핑하는 여정과 크게 다르지 않다는 것을 알았으면 하고 때를 얻든지 못 얻든지 복음을 들고 다가간다.

교회도 그 안으로 들어오면 모두가 하나님의 자녀들이다. 직분으로 하는 일들은 달라도 모두 하나님 나라의 자녀들로 함께 하고 있다. 사회에서 아무리 높은 자리에 있었다고 할지라도 또 어떤 훌륭한 과거의 업적을 이뤘어도 우리는 복음과 말씀으로 하나님의 자녀인 것이 구원 받은 모든 이들에게 동일하다.

그렇게 교회는 귀천이 없는 하나님의 사람들이 모이는 공동체인 것처럼 서핑스팟에도 서퍼는 귀천이 없이 남녀노소 어린아이와 같이 행복하고 즐거운 시간을 갖는다.

두려운 마음을 가진 자, 염려와 근심이 무겁게 느껴지는 자, 후회와 아쉬움으로 과거의 아픔을 털어내지 못하는 자 모두에게 서핑을 통해 하나님을 전한다. 그 두려움의 시작에 대해서 삶의 이야기를 나누고 듣고 함께 기도한다. 아름다운 바다에 하나님 사랑이 가득한 창조의 물결에 흘려보내고 툴툴 털고 일어나는 이들과 서핑하는 행복으로 감사와 찬양이 넘치는 이들까지 다양한 회복되는 현장을 목격한다. 그리고 함께 하나님께 우리의 삶을 다시금 드린다. 하나님의 창조 원형을 회복하고 참된 하나님의 자녀로 살아가는 길은 단번에 서핑으로 일어나지 않으나 오랜 대화와 커피와 기도와 말씀 나눔이 결국 성령님께 충만하게 하고 하나님의 말씀이 넘쳐나면서 서핑을 통한 사고 전환이 일어나는 것을 늘 경험한다.

그렇게 전도의 도구를 통해 그 도구를 활용하는 이들의 삶과
언어를 통해 하나님은 일하신다. 놀라운 하나님의 사역이다.
이것은 동심을 찾아 드립니다라는 말로 시작된다. 앞으로의
이야기들은 위 내용을 디테일하게 풀어내는 정도가 될 것이다.
코멘터리 같은 역할을 해 줄 것이다.

그렇게 잃어버린 시간들과 낙심한 이들에게 그리스도의 위로가
각양각색으로 오늘 임하시기를 기도한다. 커피도 그러하고 더욱이
서핑은 그 많은 것 중 하나일 뿐이다. 주께서 오늘 전도의 도구로
사용되는 모든 자리에 거룩하게 구별하여 주시고 말하는 이나 듣는
이들의 마음에 성령의 임재로 함께 하시기를 간절히 바란다.

## 문화선교 속 하나님의 이야기

새벽 커핑 시음을 마치고 쉬고 싶었다. 대회에 나가는 친구들을 위해 로스팅한 커피였다.

새벽에 카페들이 문을 열기도 전에 로스팅 연구실에서 하는 커핑이었고 몸이 무리한다 싶었다. 지난 한 달간 한국에서 방문자들이 세 팀이나 되었고 그렇게 사라진 한 달이 어디 갔나 싶을 때였다.

새벽에 카페를 다녀와서 아침을 먹을 때 문자가 하나 왔다. 제이투였다. 제이투는 짧은 파도 영상과 함께 "정말 멋지고 아름다워서 영상 보내 봐요"라는 DM 문자였다. 이에 바로 답글을 남겼다. "지금 올라갈게요." 100km가 넘는 거리였다. 노스쇼어에서 노스랜드를 향해 가게 된다. 오래와/오마하를 지나 티아라이/망가파이, 그렇게 한 시간 반을 달리면 와이푸 코브 캠핑장에 도착한다. 훌쩍 만나러 간다.

서핑을 통해 전도하던 친구였다. 8년간의 긴 뉴질랜드 생활 끝에 한국으로 돌아가겠다고 결정했다. 그가 타던 8피트 롱보드도 대신 처리했다. 이곳은 자신에게 어울리지 않아, 다시 한국에 부모님이 계신 시골로 농사를 지으러 간단다. 그에게 복음을 전하기 위해 시작된 모든 시간이 흘러가는 옛날 영화 필름처럼 지나간다.

이제 그와 쌓아온 시간에 복음을 소개할 시간이다. 오랜 시간이 걸렸다. 낭만과 비례할 정도로 낭비가 많고 느슨한 뉴질랜드의 삶을 한국에 가서 소개하겠다고 한다. 문제는 그렇게 삶을 꾸미고 산다고 해도 하나님 없이는 그 어디에도 평안이 없으니 도심에서나 농촌에서나 삶은 여전할 것이다. 큰 변화 없이 늘 그런 것처럼 적응되면 또 그럴 것이다. 크게 다르지 않다.

서핑을 마치고 나와서 많은 이야기를 나누던 중 장애인 서핑에 대한 이야기를 전했다. 2024 프랑스 장애인 올림픽에 공식 종목으로 등록되었다. 도쿄 올림픽에 이은 서핑의 발전이다. 이런 이야기로 우린 모두 신이 났다. 작년 한국에서 시각장애인 서핑과 자폐 아동 서핑 및 하반신 지체 장애인의 서핑을 함께한 것이 바탕이 된 이야기들이었다. 이때 놀라운 전도의 연결점이 만들어졌다.

장애인 서핑에서 파병 나갔다 돌아온 군인들이 의족을 하고 서핑하는 해외의 프로 서퍼들의 이야기가 나올 즈음이었다. 자기 친구가 교통사고로 팔을 잃었다는 사실을 한국에서 친구를 만나러 온 방문자가 나눈다. 좌절과 절망으로 소망을 잃고 있었던 시간을 넘어 스키로 자신감을 얻고 삶을 다시 정비하고 있다고. 바로 한국에서 만나자고 했다. 다음엔 서핑 처치로 만나게 된다. 집회와 수련회에도 오게 된다 믿고 소망하며 그들을 더욱 진심으로 사랑할 준비를 하고 있다.

이런 삶의 의미를 찾는 일들을 하는 목사를 보는 눈빛이 그저 그렇게 서핑할 때와는 조금 다른 듯했다. 그러나 우리는 알고 있다. 하나님께서 마음을 움직이고 계시다는 것, 이 일이 가능한 것은 오직 성령 하나님으로 거듭난 이들의 삶이기 때문이라는 것을 말이다.

누구든 예수 그리스도와 그 복음 안에서 새로운 피조물이 되면 가능한 일 아닌가! 그렇게 우리의 여정은 더 멀리 갈 수 있게 되었고 그리스도의 끊임없는 추적이 삶의 서사로 더욱 깊어지고 있다. 이 내러티브는 하나님의 서사이다. 결국 역사를 써 오신 주께서 일하신다. 오직 주의 말씀이 승리하리라는 믿음과 소망과 사랑이 짙게 무르익어가고 있다.

다음 날은 한 명의 신학생과 함께하는 중급 스텝업 강습이었다. 스텝업은 비기너 보드를 타다가 숏보드나 퍼포먼스 롱보드로 가기 바로 전에 배우는 비기너-인터미디엇 강습이다. 파도타는 교회 운동에 참여하기로 결정한 청년 신학생은 복음과 음악과 운동으로 어떻게 청소년들을 가르치고 하나님의 사람으로 인도해 갈지를 고민한다. 곧 한국에 돌아가 섬길 교회와 한국교회를 생각한다. 우리 구주 예수 그리스도를 깊이 생각하는 것 말이다.

오가는 차에서 한국의 현실과 성령에 충만한 사람들에게 하나님께서 하시는 일들을 나누고 그들이 사회 모든 영역에서 일하고 있음을 논한다. 우리도 모르게 마음이 뜨거워지는 것을 느낀다. 하나님이시다. 감동과 깨달음과 심지어 그렇게 할 수 있겠다는 도전과 의지가 타오르는 것은 분명 우리 내면에서가 아니라 하늘에서 쏟아지는 능력이다. 여기에 지혜와 명철함과 시대를 읽는 눈과 마음마저 더해지며 우리의 사역은 하나님의 지혜와 명철과 시대를 품는 사랑으로 거대한 파도가 가로막는 듯한 현실을 뚫고 나아갈 일꾼과 군사와 경기를 치르는 선수와 같이 하나님의 나라와 의를 위해 달려 나갈 것이다.

그런 뜻에서 서핑 처치를 교회의 축구동호회나 골프선교회 같은 것으로 생각하면 큰 오산이다. 50년간 선교학적으로 신학적으로 연구된 선교적 장치이고 현대음악 예배와 같은 탄탄한 신학적 고민이 담겨있다. 들여다보지 않으면 오해하기 쉽다. 이 신학적 고찰과 지난 50년간 씨름해 온 선교사들의 사실들을 Chapter 3와 라잇나우 미디어 시리즈에서 다루겠다. 그렇게 온 힘을 다해 이틀 서핑 다녀와서 몸이 곤하다. 그러나 내 영은 날로 새롭다는 사도의 말씀에 고개를 끄덕이며 커피를 빠르게 마시고는 피로를 잊은 듯 또 물에서 하게 될 거룩한 노동을 준비한다. 육신은 곤하여도 희미하게 흐뭇한 미소를 짓는 이유이다.

늦은 오후에는 하나님께 감사의 시와 노래를 올려드리며 찬미로 찬양을 드리고 수고하는 모든 전도자를 기도와 중보로 마음 깊은 곳에 떠올린다. 골방 기도실에서 하늘로 올려보낸다. 주여! 우리를 긍휼히 여기소서. 주의 능력과 지혜로, 깊은 감동으로 전하는 이와 듣는 이 모두에게 함께 하소서.

# CHAPTER 3

# 서핑선교의 미래

서핑에 관심이 있는 분들은 대부분 영화 소울 서퍼를 안다. 영화의 실제 주인공 베서니 해밀턴은 하와이 출신 서핑 선수이고 주니어 프로 서핑 대회를 준비하며 서핑 기술들을 연습하던 도중 상어에 공격을 받는다. 2003년 사건으로 이 사고로 목숨을 잃을 뻔한 위험한 상황에까지 가지만 재활을 통해 빠르게 회복하고 각종 서핑 대회에서 수상한다.

또 다른 한 명을 더 소개한다. 아프리카 남쪽 해안에 사는 세년 에인슬리는 두 마리의 백상아리에게 공격당하지만, 그도 역시 극적으로 살게 된다. 2000년 7월의 사건이다. 그리고 살아남은 세년과 친구들은 2007년 23세의 나이에 꾸준히 해양 인명구조 활동을 한다. 서핑을 가르치고 누구보다 멋진 크리스천 서퍼로 사람을 살리는 일화들은 신앙이 있는 이들이나 그렇지 않은 이들이나 할 것 없이 많은 국내외 서퍼들 사이에 매우 유명하다.

이런 일이 어떻게 하면 가능할까? 그들이 강해서 가능한 것일까? 베서니는 하와이에서, 세년은 남아공에서 모두 십 대 때 겪은 일이다. 모두 흔한 일은 아니다. 그러니 다시는 서핑을 하지 못하게 될 뿐 아니라 그때 겪은 트라우마로 인해 다시 일상적인 삶을 살 수 있을까 싶지만 그들은 모두 신앙의 힘으로 회복했다. 베서니는 60%의 피를 잃었지만 믿는 자에게 불가능이 없다는 말씀을 잘 보여준 대표적인 사례로 꼽힌다.

말씀에서도 극심한 공포에 시달린 사람들이 등장한다. 마치 팔을 잃은 것과 같은 공포! 다시는 일상적인 삶을 살 수 없을 것만 같은 공포에 시달리는 사람들이다. 바로 사랑하는 주님을 잃은 요한과 베드로가 그렇다.

요한복음 20장을 보면 이렇다. "시몬 베드로는 따라와서 무덤에 들어가 보니 세마포가 놓였고 또 머리를 쌌던 수건은 세마포와 함께 놓이지 않고 딴 곳에 쌌던 대로 놓여 있더라 그때에야 무덤에 먼저 갔던 그 다른 제자도 들어가 보고 믿더라(그들은 성경에 그가 죽은 자 가운데서 다시 살아나야 하리라 하신 말씀을 아직 알지 못하더라) 이에 두 제자가 자기들의 집으로 돌아가니라."
(요 20:6-10)

고고학자들에 의하면 어부였던 베드로는 천한 삶을 살았다. 배나 그물에 이상이 생기면 어부 스스로 물에 들어가 직접 작업을 한다. 가릴만한 옷이 있지도 않았던 물고기의 비릿한 냄새 나는 천한 사람들, 그들이 베드로와 요한이었다. 스스로 부끄럽고 냄새나고 사회적인 위치는 천하디 천한 그에게 예수님께서 찾아오신다.

자신은 죄인이니 떠나달라고 한다. 그때 주님께서 베드로에게 유명한 말씀을 하신다. "내가 너로 사람을 낚는 어부가 되게 하리라." 그 사건 이후로 예수님의 발치에서 조금도 떨어지지 않고 밀착해서 함께 지낸다.

상상해 보자. 늘 곁에 있었던 가장 가까이에서 함께 웃고 전해 들은 말씀으로 눈물을 흘리며 깨닫고 감동하고 그렇게 동고동락한 시간이 3년 6개월이다. 관계와 서로에 대한 이해가 얼마나 깊어 졌을까 짐작할 수 있다. 예수님께서 잡히시던 밤에도 가까이 따르다가 함께 잡혀갈 뻔하다. 모면하기 위해 세 번 강하게 부인한다. 도무지 모른다고 완강하게 거부한다.

일반적으로 많은 이들은 어려운 상황에서 벗어나기 위해 회피 하기도 한다. 난관이나 이에 따른 극심한 공포를 마주하기엔 너무나 나약한 존재이기 때문이다. 그렇게 베드로가 한편 이해되는 이유이다.

SURFING CHURCH

**SURFING CHURCH**

이 말씀에서 베드로는 마리아가 전한 빈 무덤에 대한 이야기에 가장 먼저 예수님이 누우셨던 곳으로 달려간다. 하지만, 오히려 낙심한다. 어쩌면 희망을 품고 간 곳에서 완전한 절망만 가지고 집으로 되돌아간다. 예수님께서 일찍이 자신들에게 해 주신 말씀이 하나도 기억나지 않는 것이다. 그렇게 일상으로 돌아간다. 절망스러운 상황을 어떻게든 극복하기 위해 혹은 잊어버리기 위해 다시 옛 일상으로 돌아갔다. 우리도 종종 그렇다. 옛 모습으로 옛 일상과 습관으로 어떤 이는 술로, 어떤 이는 오락으로, 어떤 이는 또다시 험담과 비난으로 넋두리를 늘어놓는다. 그런 옛 삶이 편한 것이다. 이것이 성장에 있어서 오히려 멀리 돌아가고 반복되어 불편한 과정이 될 수 있는데 말이다. 하지만 주님께서 찾아오셨다. 절망으로 쓰러진 그곳에 찾아오신 것이다. 그리고 절망으로 쓰러진 우리를 일으켜 세우신다. 베드로에게 그렇게 하신 것처럼 똑같이 일으키신다.

베드로는 그렇게 옛 일상으로 돌아가서 다시 냄새나는 어쩌면 지긋지긋했을 그물을 집어 들었다. 밤엔 잠도 오지 않았을 것이다. 그물만 올렸다 내리기를 반복한다. 생각할수록 더 복잡해지니 그냥 빈 그물만 올렸다 내렸다 해도 상념들을 털어낼 수도 없었다. 새벽을 지나 아침이 밝아 왔어도 몰랐을 것이다.

강가에 불을 피워놓고 뭔가를 굽고 있는 청년이 소리친다. "뭘 좀 잡았습니까!" 짧게 대답한다. "아뇨!" 무슨 말이라도 더 할지 아니면 물질을 그만할까 짧은 순간 많은 생각이 오간다. 또는 아무런 상념 없이 단순노동을 반복하던 그에게 청년이 다시 이야기한다.

"그럼 배 오른편에 그물을 내려보세요!" 어쩌면 날이 새어 아침이 밝아오던, 그래서 그만 접으려던 그물을 "예, 그러죠"하고 다시 잡고 내리는데 그물을 쥐고 있는 퉁퉁 부른 손끝에 153마리 물고기들의 힘찬 움직임이 느껴지기 시작한다.

아! 그 뭔가를 굽고 있는 낯선 청년에게서 주님이 느껴졌다. 요한이 베드로에게 이야기한다. "주님이셔!" 라고. 이야기하는 순간 거의 같은 타이밍에 정신이 번쩍 들면서 벗은 옷을 챙겨 입고 물에 뛰어들어가 주님 계신 곳 해변으로 단숨에 간다. 디베랴 해변에서의 이야기이다.

주님이 다시 찾아오셨다는 생각에 기쁨이 가득했을 그의 모습이 헤엄치다 걷다 이 물이 바다인지 내 눈물인지 하며 기쁨으로 온 힘을 다해 달렸을 사도의 모습이 아른거린다.

이렇게 하나님께서는 우리를 절망에서 일으키신다. 거의 유사하거나 비슷한 이야기들로 말이다. 우리 안에 희망을 일으키시고 다시 소망을 갖게 하시고 절망 속에서 다시 일어나게 하신다. 다시 보드를 붙잡고 말씀을 붙잡고 일어난 베서니와 쉐넌처럼 일어서게 하신다. 반복적으로 다시 도전할 때 우리는 우리를 돌보시는 하나님의 사랑과 전폭적인 지원을 명확하게 본다. 베드로와 예수님의 반복적인 만남을 통해 알 수 있다.

하나님께서 우리를 돌보시며 우리를 위한 우리에게 맞는 확실한 계획으로 우리에게 다시 또다시 찾아오신다는 것을 보여주고 계신 것이다. 성경 속에 나타난 이러한 하나님의 약속들은 어떠한 절망 속에서도 우리와 함께하신다는 하나님의 강력한 의지이다. 우리

신앙인들의 삶을 승리로 이끄는 말 할 수 없는 비밀이다. 그렇게 하루하루가 일상이 힘을 얻어가는 과정이 된다.

매일 아침 이러한 약속을 기억하며 하나님을 찾는다면 일상이 절망을 이기는 기적이 되고, 매일 아침 하는 말씀 묵상과 같은 신앙의 좋은 습관들을 통해 우리는 다시 숨을 고르고, 어려움을 극복해 나갈 수 있다. 또한 갑작스러운 절망의 문제에 빠졌을 때도 살아남을 길을 찾을 수 있다.

모든 것이 끝난 것같이 주님을 잃었던 베드로와 요한뿐만 아니라 오늘 우리도 죽음을 뚫고 다시금 큰 파도를, 거대한 물 벽을 타고 내려오는 서퍼들과 같이 살아갈 수 있다. 독자들과 많은 신앙인들이 그렇게 일어나 살아가길 주님의 이름으로 기도한다.

서퍼들은 한계에 도전하는 모험가적인 삶을 사는 사람들이다. 실력을 향상하는 스텝업을 할 때 물리적, 심리적, 정신적인 죽음의 상황까지 가게 된다. 다 포기하고 싶은 상황 말이다. 이를 극복하고 한계를 뛰어넘으면 성장하지만, 희망을 잃어버린 사람은 막힌 길에서 좌절하게 된다. 이야기의 시작부터 절망적인 상황을 이야기하는 이유는 오늘 말씀 때문이다.

성경에는 극심한 절망, 희망과 소망이 사라진 좌절과 낙망하는 이야기들이 있다. 어쩌면 잘 걸어가던 길이 사라졌거나 장벽에 막힌 상황이다. 막다른 길 사방이 막힌 길을 그리스어로 '아포리아'라고 한다. 아포리아, 길이라는 그리스어 '포리아'에 부정사 '아'가 붙으면서 만들어진 단어 아포리아, 그러한 상황에 몰리면 포기해 버리고 희망의 끈을 놓는다. 아는 줄 알았는데 막상 해보니 막히게 된 것이다. 막히거나 잘못된 길로 들어서면 어쩔 줄 몰라 하다가 포기한다.

그런 포기하는 쪽을 선택한 이들이 이해되는 부분이 많다. 다 할
수 있을 줄 알았는데, 너무 쉬워 보였는데 막상 해보고 나니 생각한
그것과는 너무 다르다. 또는 충분한 경험이 없거나 한 번도 그렇게
심각한 난관에 부딪혀본 적이 없었다. 나는 다 아는 줄 알았고
어쩌면 아는 척을 해왔지만 길이 막히니 뚫고 나아갈 힘도 지혜도
없다는 것을 깨닫게 된다.

성경에는 이러한 아포리아 상태에 빠진 이들이 종종 등장한다.
골리앗과 블레셋 대군 앞에 선 이스라엘과 사울. 사무엘상
17장에서는 "블레셋 사람이 일어나 다윗에게로 마주 가까이
왔다"라고 기록한다.

또 홍해 앞에 선 모세와 백성들은 물벽과 군대를 이룬 사람의
벽. 이웃 나라들의 공격에 승리를 경험한 백성들은 다시 시간이
흐르면 스스로의 관성에 따라서 늘 제 갈 길로 습관대로 살아가던
이스라엘 사람들의 내면 죄성의 벽은 그 어떤 벽보다도 두껍다.

어디 구약만 그런가. 신약에는 제자들이 있다. 3년간 이적과
기사를 보면서 예수님을 가까이 따르던 제자들은 자신들의
선생님이며 새로운 왕이신 주님, 그들의 모든 것이었던 주님을
잃었을 때는 자신들의 목숨도 잃을 수 있다는 두려움에 떨었다.
산헤드린 공의회의 의원들이 병사들과 함께 체포영장을 가져올까
봐 제자들은 다락방에 모여서 벌벌 떨고 있었다. 이렇게 신구약
전반에 걸쳐 성경에는 두려움과 불안에 떠는 사람들이 등장한다.

어려운 시기에는 균형을 잃고, 희망을 완전히 잃기도 한다. 용기
있게 도전하거나 평정심을 갖는 이들은 극소수이고 희망 없는
상황에서 우리는 어둠 속에 빠져들기 쉽다. 아포리아, 지나친
압박에 우울과 불안함에 빠진다.

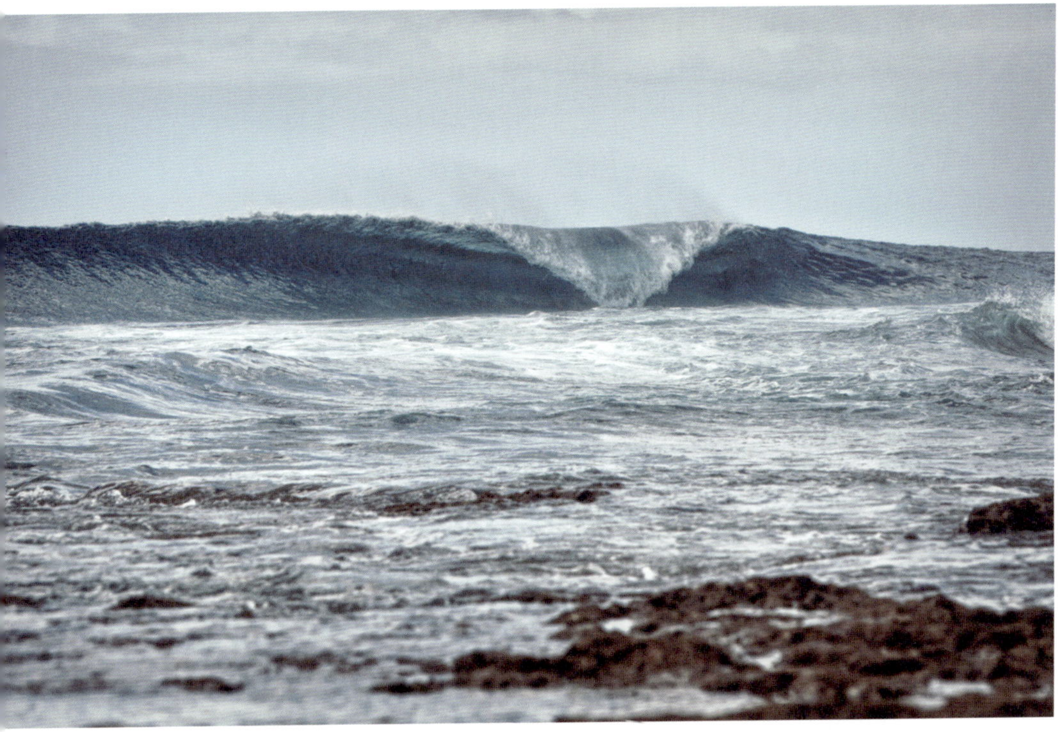

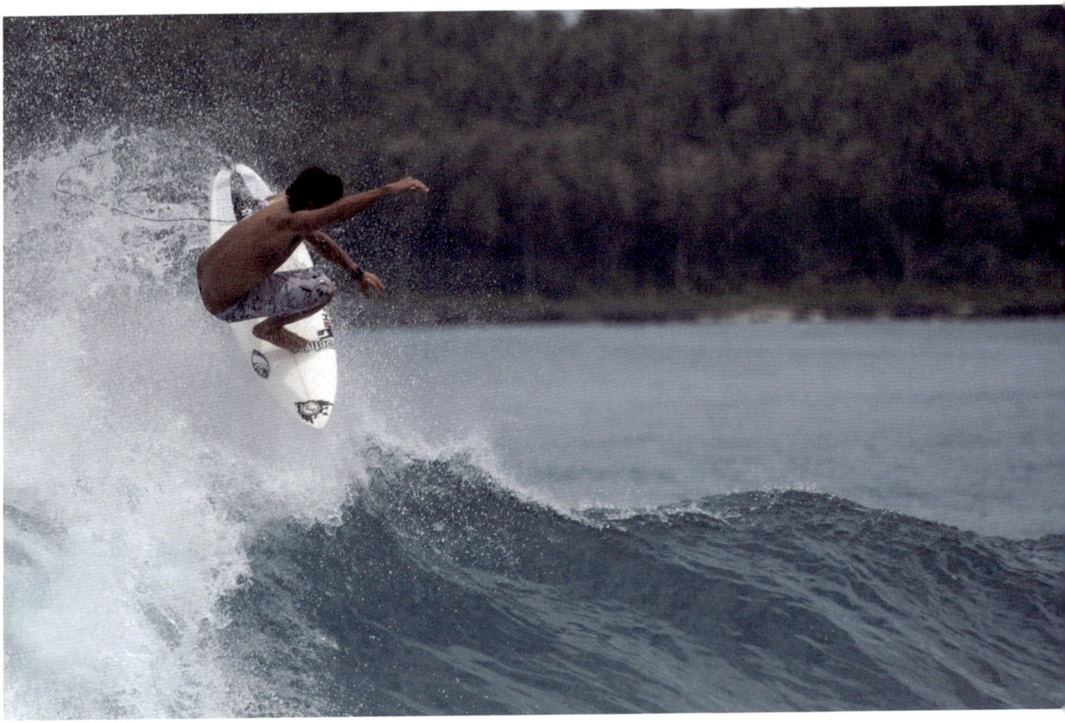

요한복음 20장 19절에선 제자들을 이렇게 묘사하고 있다. "이날 곧 안식 후 첫날 저녁때에 제자들이 유대인들을 두려워하여 모인 곳의 문들을 닫았다"라는 기록을 보면 얼마나 무서웠는지 짐작해 볼 수 있다. 유대 지도자들도 공권력도 로마의 군인들도 다 무서운 것이다. 공의회와 로마 권력을 통해 주님을 잡아갔고 자신도 잡아가기 위해 논의 중이라는 말도 주님의 무덤이 열려있다는 이야기도 두려움에 떨게 하기에 충분했다. 그런데 놀라운 일이 벌어진다.

"예수께서 오사 가운데 서서 이르시되 너희에게 평강이 있을지어다." 이 말씀이 믿어진다. 성경은 우리에게도 말씀하신다. 두려워 말라고 말할 뿐만 아니라 평강이 있을지어다 하신다. 하나님의 약속과 그의 사랑은 우리를 향한 빛이며, 이를 통해 우리는 희망의 뿌리를 깊게 내릴 수 있다. 마치 배가 닻을 내리고 떠내려가지 않는 것과 같이 흔들림이 없다.

SURFING CHURCH

136

시냇가에 심어져서 뿌리를 깊이 내린 나무가 계절을 따라서 열매를 맺기 위해 준비를 하듯이 우리의 신앙도 서서히 깊어질 수 있다. 그런데 우리는 그 성숙해 가는 과정보다 결과에만 집착한다. 사실상 결과는 과정이 어떠했는지 보여주는 단편일 뿐 지나온 과정이 모든 것인데 말이다.

성경은 우리에게 "우리의 생각이 하나님의 생각과 다르지만, 하나님의 계획은 우리의 계획보다 높으며, 하나님이 예비하신 길은 세상의 길보다 낫다" 말씀하신다. 하나님께는 우리 삶의 모든 순간에 관심이 있다. 삶의 구석구석 하나님과 동행하는 것이 행복이라는 것을 보여준다.

바로 이러한 사실이 우리 자신의 능력을 의지하는 것이 아니라 하나님을 믿는 믿음을 통해서만 가능하다. 하나님께 기대어 사는 일상의 반복을 통해서 우리는 성숙하게 된다. 이 믿음이 회복될 때 소망도 회복되고 하나님을 향한 사랑도 회복할 수 있다. 잃어버린 일상과 신앙이 균형을 되찾는 것이다.

골리앗 앞에선 다윗 이야기를 조금 깊이 생각해 본다. 골리앗 앞에 서기 전에 많은 시간 연습하며 연마하고 곰과 사자 앞에 섰다. 300번 물매를 던졌을까? 3000번도 던졌을 그의 손은 갈라지고 터지기를 반복했다. 어느 순간 몇 번 던졌는지 기억도 없을 것이다. 아마도 양을 잃은 기억이 큰 무게로 충격으로 그의 마음 깊은 곳에 남아있다. 그렇게 성경 속 이야기의 자간과 행간 그리고 문단 간 보이지 않는 그의 숨 막히는 절망과 간구의 시간들을 묵상하며 다윗과 함께 긴긴밤을 보낸다. 곰과 사자와의 사건들, 수없는 반복을 보냈으니 우리도 깊이 느끼게 된다. 오늘 우리의 삶도 같으니 말이다.

서퍼들은 파도를 타다가 넘어지면 넘어진 그 자리에 무엇이 있었는지 돌아가 살펴본다. 필자가 그랬다. 주변에 정확하게 문제를 보고 뚫고 나아갈 방법을 아는 이들에게 물어본다. 구체적으로 문제를 들여다보고 작은 실수로 넘어졌다면 왜 넘어졌는지 살펴본다.

바위가 있었는지, 물결이 바뀌는 구간이었는지, 그날의 바람 컨디션을 어땠는지 구석구석 들여다본다. 그리고 균형을 잃고 두려움에 빠졌던 그때를 살펴본다. 우리의 신앙도 그렇다. 마치 사자의 턱을 치고 양을 구하기 위해 용기와 함께 실력이 필요했던 다윗과 같다. 그리고 인명 구조를 나설 때 똑같은 방법을 적용한다.

우리가 살펴본 흔들리는 이유는 두 가지이다. 첫째는 하나님을 중심에 두지 않은 믿음이 없는 상태이다. 제자들과 같이 절망과 두려움이 지배하는 동안 그 어떤 노력도 의미가 없다. 두번째는 충분히 연습 되지 않은 미성숙의 문제다. 하나님을 중심에 둔 구원받은 성도라면 하나님을 모시고 골리앗을 향해 달려가는 다윗과 같은 실력을 갖추기까지 무던히 반복하고 연습한다.

그렇다면 함께 그리스도의 몸된 교회로 서서 달려 나가자! 가만히 앉아 두려움의 이유를 나열해 본다. 무엇 때문에 불안한지 왜 두려움에 사로잡혔는지 적는다. 여기에서 더 나아가 이런 나를 잘 이해하는 멘토와의 시간이 꼭 필요하다. 많은 좋은 말로 조언을 늘어놓는 멘토보다는 함께 하나님께 나아가 기도해 줄 리더가 필요하다. 그들은 염려나 두려움과 불안을 덜어줄 것이다.

아포리아에 빠져서 생각의 쳇바퀴같이 끝이 안 보이는 뿌연 브레인 포그가 어느 정도 사라질 것이다. 그리고 이 다음이 가장 중요하다. 구체적으로 다시는 이 죄의 문제에 혹은 반복적으로 사는 삶의 문제에 빠지지 않도록 하나하나 적어본다.

기억하자. 회개만 하고 돌아서면 반쪽짜리 신앙이기 때문이다.

## 하나의 한국과 서핑선교

Christian Surfers Korea의 방향은 하나이다.

새로운 한국, 하나의 한국을 꿈꾸는 다음 세대들과 함께 사는 것이다. 그렇게 예배하고 서핑하고 삼천리 반도 금수강산을 다니며 하나님을 이야기한다.

그러다가 정말 어느 날 하나가 된다. 하나가 된 한국은 한반도 어느 곳에서나 행복한 웃음이 넘치는 낭만이 있다. 하나님의 나라가 임하는 오늘의 한국을 깊이 묵상하며 생각한다.

평화의 한국, 하나 된 한국을 마음에 품고 있다. 물이 바다를 덮고, 하나로 연결 되어있다. 물은 한반도를 감싸고 있듯 우리 품에, 이 뜻을 품고 나아간다. 조금만 생각해 보면 바다는 나뉘어있지 않고 모두 연결되어 있으니, 바다를 바라보고 있으면 파주를 지나 있는 전망대와 강원도 언덕에 산자락 곳곳에서 북한을 바라보며 기도하듯 자연스레 하나님께 기도하게 된다.

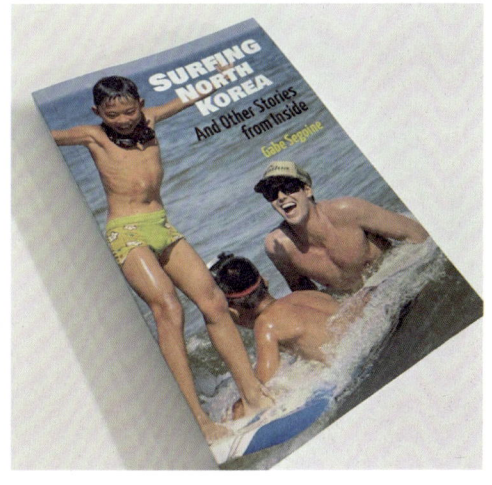

Photo courtesy of Bridget Butler

주님의 평강을 이 땅에도 내려주소서. 샬롬이라 제자들에게
말씀하신 그 평안을 새 하늘과 새 땅을 우리게도 주소서. 북고성과
남고성이 '고성'이라는 동일한 이름을 사용하는 것처럼 한반도가
하나의 이름으로 불리기를 바라며 기도한다. 조선일지 한국일지
완전 새로운 이름일지는 알 수 없다.

지금 젊은이들은 통일에 대해서 반복하여 듣지 못한 이들로 휴전 중인 두 국가라고 생각하는 이들이 적지 않다. 오히려 통일 기회비용을 이야기하는 자리에선 차라리 두 나라로 깨끗하게 물러서 정리했으면 하는 이들도 있다.

그러나 자연스럽게 여행할 수 있다면 함께 이야기를 나누며 소통한다면 변화는 계속될 것이다. 통일 관계자들의 이야기에 마음을 열고 들어야 하는 이유이다. 그렇게 믿으며 소망하며 한국을 사랑하다 보면 하나가 되어 있을 것이다. 그렇게 이루어질 것을 간절히 바란다. 서핑하는 이들은 부산에서 고성까지 파도가 일렁이면 언제든 어김없이 해변으로 향한다. 북에서도 그렇다는 이야기를 들었다. 아직 프로 서퍼들이 있지는 않으나 초창기 북미 서퍼들이 북한을 방문한 이후에 꾸준한 서핑 문화가 성장하고 있는 모습들이 곳곳에서 보인다. 하나님의 창조 아래 남북이 하나 되어 누리고 즐거워할 수 있는 길이 부분적으로 열린 것이다.

여행하던 많은 북한 방문객이 전해준 이야기들은 지면에 다 나눌 수 없지만 상상을 초월한다. 그렇게 한라에서 백두까지 한민족이 하나가 되어서 하나님을 즐거워하며 함께 예배할 날을 기다린다.

예배드린 삶을 일상에서 이웃과 함께 나누는 날을 기대한다. 하나님 사랑 이웃 사랑을 삶으로 사는 날마다 꿈꾸는 것이 어제오늘 일이 아니니 더욱 그러하다. 그러니 오직 한 가지를 꿈꾼다. 목표는 하나의 한국이다.

단순히 지역 크리스천 서퍼들이 모여 예배하고 하나님을 기뻐하는 삶에서 멈춘다면 시작도 하지 않았을 것이다. 한 지역의 크리스천들이 다른 지역 모임 규모와 실력과 멋을 질투하며 비교하는 어리석음에 빠져있다면 한국 CS 사역의 시작을 기억하고 마음을 돌아봐야 한다. 우리는 한심한 아라비아 기호 놀이에 빠져 수의 많고 적음을 논하거나 누가 더 크고 작으냐를 이야기하는 사람들이 아니다. 하나님의 나라를 세워 한 영혼을 만나다 보니 선교의 자리까지 왔다. 우리 이웃들을 만나다 보니 하나의 한국을 위한 선교적인 삶을 더욱더 적극적으로, 온 힘을 다해, 열정을 가지고 산다.

크리스천 서퍼스 코리아는 북한과 남한이 화해와 평화로 나가기를 바라며 소망하는 신실한 일꾼들이고 하나님의 사람들이다. 그렇게 될 것을 믿고 소망함으로 바라고 사랑으로 인내하며 나아가는 사람으로 산다.

크고 작음을 논하는 이들은 여기에 두고 우리는 그리스도와 나라를 위해 나아가자. 하나님의 나라와 한국이라는 중의적인 의미를 가지고 살기로 하자. 한국의 많은 하나님의 몸 된 교회들은 그렇게 함께하기를 바라고 있다. 위해서 진심으로 기도해 주시기를 바란다. 적어도 마음으로 함께한다면 하나님께서 연합하여 선을 이루게 하실 것이라 확신한다.

## 오랜 기다림에 지쳐갈 때

기다림이 길어지면 나도 모르게 한마디가 툭 떨어진다. "하, 미치겠다." 하나님을 믿는 이들에게 미칠 것 같은 마음이 드는 것을 화가 난 언어로 표현하는 것은 옳지 않다. 견디는 것이나 인내하는 편이 더 신앙인답다.

지친 속마음을 대변하듯 차디찬 봄 아스팔트에 우리의 믿음도 소망도 그저 힘없이 굴러가는 것만 같다. 기다림이 길어질 때 우리의 언어도 추워서인지 믿음 없이 던져진 말과 함께 던져진 말은 아무도 돌아봐 주지 않는다. 오히려 이리 치이고 저리 치이면서 또르르 굴러간다.

긴 겨울, 아직 목련도 피지 않은 것 같아 우울감마저 엄습한다. 언제까지 계속해야 하지? 이 불안함은 어떻게 해야 하나 싶다. 그만할까? 좀 더 가야 하나? 하면서 갈팡질팡 싱숭생숭하다. 그러다가 한없이 우울해질 때면 문득 공황이 왔나 싶은 생각에 지하실 곰팡내처럼 숨에 턱 막힌다. 그 정도는 아닌듯하니 아직 기다릴 만하다.

모든 기다림은 믿음에 가득한 확신보다는 두려움을 친구삼아 다닌다. 불안은 두려움의 가족이니 아주 가까이에 붙어있다. 불안한 감정은 알지 못하는 결과에 대한 두려움이다. 그러니 불안과 두려움은 한식구나 다름없다. 불안은 평안이 아닌 불만, 불행, 불쾌를 동반하는 불화이다. 기다림과 그의 친구 두려움에 지쳐갈 때 마음을 지키지 못하면 이들이 가득 자리를 잡고 잔치를 벌이니 큰일이다.

내 마음의 벽을 뚫고 속에 있는 정신력을 시험하듯이 공황장애도 함께 온다면 모두 놓고서 도망쳐야 한다. 쉬어야 한다. 무조건 그렇다. 마음과 정신을 아프게 하는 병은 그런 것이다. 공항이 왔는데 스스로를 돌보지 않는다면 모래 위에 집을 짓는 것과 같으니 어리석기가 한여름 크리스마스이브 새벽 남몰래 산타할아버지 기다리다 양말에 선물 넣는 엄마와 눈이 마주친 아이와 같다.

남태평양의 덥디더운 크리스마스에 이런 어이가 없는 일이 또 있을까? 아이는 허무하고 어쩔 줄 몰라 한다. 충격은 오래간다. 엄마의 실망감은 또 오죽하랴. 엄마가 자라고 하면 자는 것이 맞다. 마음 병이라면 뜬눈으로 기다리는 것도 그만해야 한다. 좀 쉬어라.

잠시 곁길로 샜다. 공황장애도 우울증도 아니라면 조금 더 기다림에 대해서 이야기해 보자. 그래 하나님을 믿는 사람이니 미치겠다는 말은 굳이 하지 않아도 좋다. '하…'에 모든 것이 담겨있다. 깊은 한숨이 땅에 떨어질 때 기다림이 얼마나 깊었는지 알 수 있다. 기다림의 미학이라고 했다. 기다린 거 좀만 더 기다려 보자.

올 거라고 곧 올 거라고 기대하고 있었다. 봄철 벚꽃이 흐드러지게 피려면 늦겨울 목련이 짙어야 하는 것처럼 꼭 순서가 있는 법이다. 목련과 벚꽃이 같이 피어도 안 되겠고 일찍 꽃이 떨어지고 맺힌 과일이 당황스럽게 달려 있다면 그것도 아름답지 못하다.

그렇게 때아닌, 설익은 과일은 더욱 위험하다. 복통으로 하루를 망칠 수도 있다. 10월에 피는 꽃과 11월에 피는 꽃은 다르며 철에 맞는 과일은 그해 공급되는 해와 비에 맞춰 고르게 잘 익어가야 한다. 기다림에 지칠 때 기억하자. 오히려 사랑하고 기다리자고. 멀리서 파도가 일렁이면 서퍼들은 누가 뭐라 할 것도 없이 길을 나선다. 오래 기다려본 이들만 일렁이는 물결에 너울에 설레며 먼저 파도가 깨질 그곳으로 빠르게 나아간다. 멋진 파도가 깨질 것이라는 믿음을 가지고 힘 있게 치고 나아갈 것이다.

믿음이 산타의 선물을 기다리는 아이의 마음과 같다면 소망하며 잠들고 밤을 지내야만 한다. 더는 팔이 아파서 물결을 가르고 나아가지 못해도 한 번 더 또 한 번 물을 끌어당겨 나아가야 한다. 그렇게 사랑하던 날을 맞이하고 바라던 곳에 서서 만나기 위해 꼭 어두운 밤을 보내야만 한다. 커피하는 목사의 말이 귀에 맴돈다.

"생두는 자신을 불태워 원두가 된다." 그렇게 다 태운 후에
21그램의 커피 원두는 갈아지고 녹으면서 향을 낸다. 누구든 이
땅의 무엇이든 그렇지 않은 것이 없다. 서퍼에겐 300시간의 규칙을
이야기한다. 일 년을 다 서핑으로 보내야 조금 타는 경지에 이를 수
있다. 한 주에 한 번씩 바다에 나간다면 6년이 걸린다. 그것도 한주
두주 빠지면 10년은 더 걸리는 일이니 우리의 삶에 왕도란 없다.

추운 겨울이 다 가고 목련이 벚꽃이 피어 벌들이 생명을 낳고
여름철 열매들이 때를 따라 내리는 비에 태양에 잘 자라면
곱디고운 열매를 맺게 되니 계절마다 농부는 이 모든 과정을 믿고
소망하고 사랑한다. 제일인 사랑으로 그렇게 오래 참고 기다린다.

그러니 다 놓고 싶을 때 오히려 사랑하고 더 사랑한다. 상상만 해도
좋은 그날을 바라며 더 사랑한다. 미치겠다 싶은 그때, 기다림에
지친 그때, 오히려 더 사랑하자. 그렇게 10년 20년도 할 수 있다. 이
비밀이 사랑은 오래 참을 수 있는 비결이다. 사랑으로 평생을 살 수
있는 비결이다.

**세계선교와 성령에 충만한 크리스천 서퍼**
크리스천 서퍼들! 영혼의 위로는 성령의 사람들만 할 수 있습니다.
파도 타는 교회! 앞으로의 이야기가 하나님의 이야기로 가득할
것입니다. 이 모든 일은 성령의 공동체인 교회만 할 수 있는
일입니다. 그 사역을 하러 또 바닷가로, 사람들에게로 충만하신
성령의 능력 안에서 나아갑니다. 함께 나아갑니다.

RightNow Media 서핑 시리즈

YouTube 링크

# SESSION 1

### 거친 파도와 같은 불안감(요 20:19)

"삶이 무너졌다. 아주 위태로운 줄타기를 하고 있다"라고 생각하는 이들이 있습니다. 모두 다 하는 고민 아닌가 싶지만 심하게 무너져, 무엇 때문에 무너졌는지? 왜 무너졌는지는 그리 중요하지 않고 살고 싶어 하는 이들이 있습니다. 일어날 힘도 용기도 없을 땐 정말 큰일입니다. 그들에게 서핑처치가 달려갔습니다. 그렇게 여유가 조금이라도 생기면 함께 멀리 떠나거나 어디론가 가야만 합니다. 그래도 맘이 편치 않습니다. 당연합니다. 그곳에서 작은 변화가 시작될 뿐입니다.

파도타기라는 액션스포츠를 통해 문화로 사역하는 특성상 무거운 짐을 지고 바다로 달려온 많은 사람들을 만납니다. 그러한 그들에게는 공통점이 하나 있습니다. 쉼을 찾고 있다는 사실입니다.

삶과 쉼 사이에 불균형을 경험하고 있거나 발란스가 깨어진 삶, 과도한 업무나 어쩌면 불합리한 일상 어디 즈음에서 안식을 찾아 떠나왔다는 것입니다. 균형을 찾고 싶어 합니다. 우리 신앙인들도 하나님 사랑과 이웃 사랑을 삶으로 실천하며 살아야 한다는 것을 알지만 균형이 깨어진 삶은 어딘가 매우 불안합니다.

이번 시리즈에서는 서핑을 통해 우리의 일상과 신앙에 대한 이야기 나눠보려고 합니다. 파도 위에서 균형을 잡는 조화, 물결의 규칙적인 리듬, 이러한 것에는 아름다움이 있습니다. 이번 시리즈를 통해 하나님의 창조하신 아름다운 결과 그분의 친절한 손길을 느끼며 회복과 안식이 가득하기를 바랍니다.

## 세션소개
여러분은 넘어져 본 적이 있습니까? 분명히 있습니다. 혹시 언제였나요? 최근 일이었을까요? 아니면 아주 오래전 어렸적 일일까요? 궁금합니다. 어린아이에서부터 청년과 노인에 이르기까지 서핑을 가르치면 모두가 안전하게 행복한 시간이 되기를 바라는 마음이 늘 가득합니다.

목사로 살면서도 같은 마음입니다. 여러분의 몸과 마음뿐 아니라, 정신과 영혼도 하나님 안에서 늘 건강하게 은총과 권능의 그늘 아래 계시기를 바라고 있습니다. 늘 주의 이름으로 축복하고 권면하는 일이 목사의 직무입니다. 그러나 어떠한 어려움도 없게 하소서라고는 기도를 드리지 않습니다. 왜냐면 우리는 흔들리고 넘어지고 쓰러지고 다시 일어나면서 성장하고 성숙하기 때문입니다. 그렇게 지혜로운 한 사람으로 성화, 하나님을 닮은 형상으로 변화되어 가기 때문입니다.

## 본론
바위와 자갈과 조개껍질로 만들어진 모래는 동물, 식물이 죽어 생겨난 흙과는 분명히 다른 성질의 물체입니다. 하는 역할도 다릅니다. 예수님께서 다음과 같이 말씀하십니다. 마태복음 7장 26, 27절입니다. 나의 이 말을 듣고 행하지 아니하는 자는 그 집을 모래 위에 지은 어리석은 사람 같으리니 비가 내리고 창수가 나고 바람이 불어 그 집에 부딪치매 무너져 그 무너짐이 심하니라

지금 읽어드린 본문의 앞 절인 24~25절은 흙도 아니고 모래도 아닌 반석 위에 지은 사람을 지혜롭다고 이야기하며 본문에 등장하는 이와 비교합니다. 예수님의 활동 지역들은 지중해 해안가와 갈릴리 호수를 두고 있기 때문에 이런 말씀을 사람들은 쉽게 이해할 수 있었습니다. 흙과 모래 위에 집을 지으면 비만 와도 안절부절못할 것이 뻔했습니다.

모래 위에 집을 짓는 어리석은 사람은 없습니다. 집을 짓기에는 모래가 매우 불완전하다는 얘기입니다. 집을 짓는다고 하더라도 비가 내리면 불안하고 파도가 치면 다 곧 무너져 버립니다. 불안하고, 우울하고, 찝찝하고 답답한 그런 상황들을 가만두고 늘 바쁘게 살아간다면 어느새 한곳으로 기울어져 쓰러질 겁니다. 우리가 느끼는 불안과 우울감은 모래와 같습니다. 우리의 삶이 우울하고 불안한 상태에 있는데 돌보지 않고 계속 달려간다면, 그렇게 살아간다면 무너지고 말 것입니다. 신앙이 있다고 해서 불안함이나 우울감을 완전히 피할 수 있는 것은 아닙니다. 오히려 믿음이 있을 때도 불안과 우울은 우리를 괴롭히곤 합니다. 오늘 말씀은 그것을 지적하고 있죠.

본문 말씀의 대조는 확실합니다. 지혜로운 사람과 어리석은 사람, 균형이 있는 사람과 균형이 깨어진 사람입니다.

불안한 곳에 집을 짓는다! 바닷가에서 모래성을 올리던 어린아이들도 이상하게 볼 것입니다. 우울하고 불안과 초조한 삶은 늘 끌어안고 살고 있다는 이야기입니다. 어떤 형태의 반복이 있다는 이야기이기도 합니다.

하나님의 뜻대로 사는 거룩한 삶에 대해서 듣고 연습을 반복하는 사람이면 참 좋겠습니다. 그러나 균형이 깨어진 사람은 신앙심만 있고 하나님 말씀과는 상관없이 늘 비판하고 남을 흠잡고 험담하고 더 나아가서 술로, 연애로, 오락만으로 삶을 허비한다면 모래 위에 집을 짓고 돌아보지도 않는 삶을 사는 균형이 깨진 사람입니다. 듣기만 하고 실천을 하지 않는 균형이 깨진 것이죠. 안다고 다 안다고 하면서 하나도 실천하지 않는 사람들 말입니다.

**예화**
서핑을 가르칠 때도 그렇습니다. 잘 배우고 싶은 마음이 있는 사람들은 늘 경청합니다. 또 바로 적용하기 위해서 잘 이해했는지 질문합니다. 적용은 듣고 깨달은 내용들을 잘 이해하고 채화하고 내 것으로 만들었는지를 확인하기 위해 매우 중요합니다. 발전된 질문을 하고 적용할 계획을 세우는 그러한 것입니다. 어떻게 삶에 실천할 것인지를 위해 꼭 필요한 작업입니다. 반면 아는 척하며 스스로에게 취해있는 사람들은 시작부터 엉망입니다. 마음에 있는 것이 바다에서도 똑같이 나타납니다. 멋 부리고 스스로 잘 아는 척하는 사람들의 균형은 늘 엉터리입니다.

한번은 Salvation Army와 함께 하이스쿨 중퇴 아이들을 위한 캠프를 인도했습니다. 유독 한 아이의 눈빛이 불안했습니다. 초조한 눈빛은 그날 급류타기를 나가서도 이어졌습니다. 보트가 코너에 몰리면 한 쪽으로 넘어오는 신호를 하게 됩니다. 그 신호와 구호에 대한 안내를 받았지만 허둥지둥 하다 보트는 급류에 균형을 잃고 뒤집어지고 말았습니다. 불안한 눈빛을 하고 있었기 때문에 곧 안심시키고 뒤집어진 배에 다시 올라타면서 눈빛이 달라졌습니다. 강사를 전적으로 의지하고 듣고 실천할 준비가 된 것이 분명했습니다. 생기가 돌면서 활력을 찾았습니다.

서핑할 때도 마찬가지입니다. 균형을 잡기 위해 무릎을 굽히고 손을 양옆으로 혹은 앞으로 나란히 하게 됩니다. 이때 한쪽으로 기울어진다면 바로 균형을 잃고 물속으로 풍덩 빠지게 됩니다. 아직 몸에 배어있지 않거나 강습에서 들은 이야기를 그대로 하지 못하고 있는 것입니다. 첫 강습에 그러는 것은 당연하지만 시간이 흘러서 열번 스무번 강습을 받음에도 그런다면 이건 심각하게 문제가 있는 것이겠죠.

### 결론
신앙인의 삶도 그렇습니다. 우리는 말씀 위에 서서 균형을 잡고 들은 말씀을 실천하는 삶, 신앙과 일상의 발란스를 유지하며 진실하게 걸어가야 합니다. 하나님 안에서 갖는 참된 안식과 말씀의 가르침을 따라 균형 있는 하루하루를 살아가야 합니다. 순간 흔들릴 때도 있지만 또 넘어질 때도 있지만 들은 말씀을 다시 떠올리며 일어섭니다. 문제가 일어난 곳을 파악하고 그곳을 피하거나 뚫고 빠르게 돌진합니다. 그렇게 불안을 뚫고 나아가는 것입니다.

하나님의 사랑과 말씀 위에 서서 균형 있는 신앙인의 삶 곧 반석 위에 지은 집과 같이 지혜로운 삶의 예배를 사는 것입니다. 그 말씀 위에 선 살아있는 믿음으로 신앙이라는 서프보드를 타고 세상이 퍼붓는 불안함에서 삶의 균형으로 멋지게 극복하는 그리스도인이 되기를 주님의 이름을 축언합니다.

### 적용
신앙인으로서 넘어졌던 때를 다시 한번 생각해 봅니다. 아직도 반복적으로 넘어진다면 어떻게 극복할 것인지 구체적으로 계획을 세워봅니다. 인격의 미성숙함이라면 말과 행동을 구체적으로 바꿔 성장함으로, 또는 죄의 문제라면 회개하고 단계적인 계획을 통해 성숙해 갈 수 있도록 하는 것입니다. 기도만 하고 잊는 것은 반쪽짜리 신앙이기 때문입니다.

### 다음 세션 소개
다음 세션에는 균형을 잃어 넘어진 혹은 반복적인 문제로 불안과 우울감에 빠진 성경 속 인물들과 초대 교회가 어떻게 극복하고 이겨 나갈 수 있었는지를 살펴보겠습니다.

**SURFING CHURCH**

RightNow Media 서핑 시리즈

# SESSION 2
균형을 잃고 물에 빠질 때(요 20:19)

YouTube 링크

## 복습

우리는 지난 첫 번째 세션을 통해 균형 잡힌 삶에 대해 생각해 봤습니다. 무거운 짐 진 자들을 쉬게 하시는 주님께 나아가 쉼과 참된 안식을 얻는 사람은 복이 있습니다. 마치 반석 위에 집을 짓고 흔들림 없이 살아가는 그런 사람들과 같습니다. 간혹 일상의 과도한 압박으로 균형을 잃어 실수하고 또 실패하더라도 다시 일어날 수 있는 이유는 우리와 이 아름다운 세계를 창조하신 하나님이 우리를 잘 아시는 아빠와 같고 엄마와 같은 하나님 되시기 때문입니다. 그런데 이러한 사실에도 불구하고 신앙인들이 흔들립니다. 거기엔 다 이유가 있습니다.

이번 세션에서는 우리가 종종 발란스를 잃고 균형을 잃고 쓰러지는 이유를 좀 더 들여다보고 이를 극복하고 일어선 그래서 그 어떤 거대한 파도에도 거침없이 물벽을 가르는 서퍼들과 같이 역경을 뚫고 나아간 성경 속 인물들과 함께 우리의 삶에 대해서 나눠보겠습니다.

## 본론

막다른 길, 사방이 막힌 길을 그리스어로 '아포리아'라고 합니다. '길'이라는 그리스어 '포리아'에 부정사 '아'가 붙으면서 만들어진 단어입니다. 아포리아와 같은 상황에 몰리면 우리는 쉽게 포기해 버리고 희망의 끈을 놓습니다.

성경 속에는 하나님을 믿는 이스라엘 백성들이 아포리아 상태에 빠진 장면을 종종 발견할 수 있습니다. 앞에는 홍해가 뒤에는 애굽의 대군이 뒤쫓아 오는 상황 속 모세와 이스라엘 백성들, 골리앗과 블레셋 대군 앞에서 벌벌 떨던 이스라엘 군대와 그들의 왕 사울이 그렇습니다. 신약에서는 3년간 이적과 기사를 보면서 예수님을 따르던 제자들 역시도 주님을 잃었을 때는 자신들의 목숨도 잃을 수 있다는 두려움에 떨었습니다. 이렇게 신구약 전반에 걸쳐 성경에는 두려움과 불안에 떠는 사람들이 반복해서 등장합니다.

서퍼들은 한계를 도전하는, 모험가적인 삶을 사는 사람들입니다. 그러다 보니 스탭업을 할 때 물리적인 충격으로 심리적 정신적인 죽음의 상황까지 가게 되기도 합니다. 다 포기하고 싶은 상황 말입니다. 할 수 있을 줄 알았는데 너무 쉬워 보였는데 막상 해보고 나니 생각한 그것과는 너무 다르다는 것입니다. 충분한 경험이 없거나 한 번도 그렇게 심각한 난관에 부딪혀본 적이 없기 때문일 것입니다. 이를 극복하고 한계를 뛰어넘으면 성장하지만, 희망을 잃어버린 사람은 막힌 길에서 좌절하게 됩니다. 본론 시작부터 절망적인 상황을 이야기하는 이유는 오늘 나눌 말씀 때문입니다.

요한복음 20장 19절입니다. 이날 곧 안식 후 첫날 저녁때에 제자들이 유대인들을 두려워하여 모인 곳의 문들을 닫았다라고 기록하고 있습니다. 얼마나 무서웠을까요? 유대 지도자들도 무서웠고, 공권력도 로마의 군인들도 다 무서운 겁니다. 공의회와 로마 권력을 통해 조금의 망설임도 없이 주님을 십자가에 처형을 했고 자신들도 잡아가기 위해 논의 중이라는 말도 다 무서운 것이죠. 주님의 무덤이 열려있다는 이야기도 두려움에 떨게 하기에 충분했습니다. 그런데 놀라운 일이 벌어집니다.

"예수께서 오사 가운데 서서 이르시되 너희에게 평강이 있을지어다." 와, 이 말씀이 믿어집니다. 성경은 오늘 우리에게도 말씀하십니다. 사방이 막힌 아포리아에 있는 우리에게 두려워 말라고 말할 뿐만 아니라 샬롬, 평강이 있을지어다 합니다.

하나님의 약속과 그의 사랑은 우리를 향한 빛입니다. 또한 환하게 웃으시는 하나님의 미소입니다. 이를 통해 우리는 희망의 뿌리를 깊게 내릴 수 있습니다. 마치 반석위에 지은 집일 뿐만 아니라, 배가 닻을 깊이 내리고 떠내려가지 않는 것과 같이 흔들림이 없습니다. 시냇가에 심어져서 뿌리를 깊이 내린 나무와 같습니다. 그 나무가 계절을 따라서 열매를 맺기 위해 준비를 하듯이 우리의 신앙도 그렇게 깊어 질 수 있습니다. 그 샬롬에 서서히 뿌리내리면 사방이 막힌 절망스러운 아포리아에서 길을 찾게 됩니다.

그런데 여기서 한가지를 더 봐야합니다. 우리는 그 서서히 성숙해 가는 과정보다는 빠르게 결과를 얻는 것에만 집착합니다. 사실상 결과는 과정이 어떠했는지 보여주는 단편입니다. 결국 지나온 시간들과 과정이 모든 것을 말해줍니다.

성경은 우리에게 "우리의 생각이 하나님의 생각과 다르지만, 하나님의 계획은 우리의 계획보다 높으며, 하나님이 예비하신 길은 세상의 길보다 낫다" 말씀하십니다. 이사야서 55장 말씀입니다. 좀 더 쉽게 말하면, 하나님께서는 우리 삶의 과정, 여정의 모든 순간에 관심이 있습니다. 삶의 구석구석 우리를 인도하시길 원하신다는 것입니다. 그렇게 하나님과 동행하는 것이 행복이라는 것입니다. 바로 이러한 사실이 우리 자신의 능력을 의지하는 것이 아니라 하나님을 믿는 믿음을 통해서만 가능하다고 오늘 성경은 우리에게 말씀하고 계십니다.

하나님께 기대어 사는 일상의 반복을 통해서 우리는 성숙하게 됩니다. 이 믿음이 회복될 때 소망도 회복되고 하나님을 향한 사랑도 회복할 수 있는 것입니다. 잃어버린 일상과 신앙이 균형을 되찾고 희망도 되찾는 것입니다.

## 예화

다윗을 다시 떠올려봅시다. 다윗은 골리앗 앞에 서기 전까지 많은 시간 연습하며 연마하고 곰과 사자 앞에 섰습니다. 300번 물매를 던졌을까요? 3000번도 던졌을 것입니다. 아마도 양을 잃은 기억이 큰 무게로 충격으로 다가왔을 겁니다. 성경 속 이야기의 자간과 행간 그리고 문단 간에 하나하나 느껴지는 그의 숨은 절망과 간구가 읽어집니다. 말씀을 더 깊이 묵상하면서 곰과 사자와 함께 목숨을 건 다윗의 전율, 긴장감도 느껴집니다. 대결하기 위해 마주쳤던 수없는 반복의 시간들을 진지하게 피땀 흘리며 보냈을 것이라 상상해 볼 수 있습니다. 서퍼들은 파도를 타다가 넘어지면 넘어진 그 자리에 무엇이 있었는지 돌아가 살펴봅니다. 제가 그랬습니다. 또 구조를 하는 레스큐 대원들은 정확하게 문제의 원인을 찾습니다. 또 뚫고 나아갈 방법을 아는 이들에게 물어봅니다. 함께 돌파구를 모색하는 것입니다. 구체적으로 문제를 들여다봅니다. 작은 실수로 넘어졌다면 왜 넘어졌는지, 그곳에 바위가 있었는지 물결이 바뀌는 구간인지 그날의 바람 컨디션을 어땠는지 구석구석 살펴봅니다. 그렇게 균형을 잃고 희망을 잃었던 그때를 살펴봅니다.

우리의 신앙도 그렇습니다. 마치 사자를 치고 양을 구하기 위해 용기와 함께 실력이 필요했던 다윗과 같습니다.

## 결론

우리가 살펴본 흔들리는 이유는 두 가지입니다. 첫째는 하나님의 말씀에 중심을 두지 않은 믿음이 없는 상태입니다. 제자들과 같이 절망과 두려움이 지배하는 동안 그 어떤 노력도 의미가 없습니다. 오직 샬롬의 주님만이 정답이시기 때문입니다. 두 번째는 충분히 연습 되지 않은 미성숙의 문제입니다. 하나님을 중심에 둔 구원받은 성도라면 하나님을 모시고 골리앗을 향해 달려가는 다윗과 같은 실력을 갖추기까지 무던히 반복하고 연습해야 할 것입니다.

## 적용

이제 앉아서 두려움의 이유를 나열해 봅니다. 무엇 때문에 불안한지 왜 두려움에 사로잡혔는지 적어 보는 겁니다. 적는 행위가 그 문제를 하나님께 가져가는 것이기 때문에 그렇습니다. 여기에서 더 나아가 이런 나를 잘 이해하는 멘토와의 시간이 꼭 필요합니다. 많은 좋은 말로 조언을 늘어놓는 멘토보다는 함께 하나님께 나아가 기도해 줄 리더가 필요합니다. 그들은 염려나 두려움과 불안을 덜어줄 겁니다. 아포리아에 빠진 나, 생각의 쳇바퀴에 빠져서 머리속이 뿌연 연기로 가득한 것과 같은 브레인 포그가 어느 정도 사라질 겁니다. 그리고 이 다음이 가장 중요합니다. 구체적으로 다시는 이 죄의 문제에 혹은 반복적으로 어떤 상황에 빠지지 않도록 계획들을 하나하나 적어봅니다. 지난 세션에도 이야기한 바 있습니다. 기억하세요. 회개만 하고 돌아서면 반쪽짜리 신앙이기 때문입니다.

## 다음 세션 소개

정말 큰 문제는 모든 것을 포기하고 도망치고 싶을 때입니다. 다음 세션에서는 이러한 문제를 극복하지 못하고 일어서지 못할 완전한 절망은 어떻게 해야 하는가에 대해서 다뤄보겠습니다.

RightNow Media 서핑 시리즈

# SESSION 3
다시 서핑보드를 붙잡고(요 20:6-10)

YouTube 링크

SURFING CHURCH

## 복습

불안과 두려움은 삶의 균형이 깨졌을 때 오는 심리적인 현상입니다. 지난 두 번의 세션을 통해 하나님을 온전히 믿고 나를 돌아봄을 통해 구체적으로 해결 방법들을 나열해 봤습니다. 길이 아닌 막다른 골목에 사방이 막혀있다면 또는 거대한 파도와 같은 벽을 마주하고 있다면 그래서 두렵고 떨리고 불안하다면 우리는 우리 자신이 아닌 하나님을 바라봐야 할 것입니다.

그런데 그렇게 바라볼 힘도 아무런 소망도 없는 상태가 된다면 우리는 어떻게 해야 할까요? 이번 세션에서는 모든 것이 끝나버린 완전한 절망에 빠져 살 소망까지 끊어진 사람들이 어떻게 다시 도전하고 일어섰는지 살펴보고 극한의 두려움과 어려움을 극복해 나가는 과정을 함께 들여다보겠습니다.

## 본론

여러분은 베서니 해밀턴을 아시나요? 서핑에 관심이 있는 분들은 영화 Soul Surfer를 통해 한 번쯤 보셨을 겁니다. 하와이 출신 서핑 선수이고 주니어 프로 서핑 대회를 준비하며 서핑 기술들을 연습하던 도중 상어에 공격을 받습니다. 이 사고로 목숨을 잃을 뻔한 위험한 상황에까지 가게 됩니다. 아마 서핑은 더 이상 할 수 없을 것이라는 절망적인 주변의 시선에도 불구하고 그녀는 끊임없이 서핑을 사랑했습니다. 재활을 통해 빠르게 회복하고 각종 서핑 대회에서 수상하게 됩니다.

한 명을 더 소개합니다. 아프리카 남쪽 해안에 사는 세넌 에인슬리입니다. 세넌은 두 마리의 Great White Shark 백상아리 공격에 살아남게 됩니다. 2000년 7월의 사건입니다. 그리고 살아남은 세넌과 친구들은 2007년 23세의 나이에 꾸준히 해양 인명구조를 합니다. 서핑을 가르치고 누구보다 멋진 크리스천 서퍼로 살며 사람을 살리는 일화들은 많은 서퍼들 사이에서 매우 유명한 이야기입니다.

이런 일이 어떻게 하면 가능할까요? 그들이 강해서 가능한 것일까요? 베서니는 하와이에서 세넌은 남아공에서 모두 십대 때 겪은 일입니다. 다시는 서핑을 하지 못하게 될 뿐 아니라 그때 겪은 트라우마로 인해 다시 일상적인 삶을 살 수 있을까 싶습니다.

오늘 말씀에서도 극심한 공포에 시달린 사람이 등장합니다. 마치 팔을 잃은 것과 같은 공포 다시는 일상적인 삶을 살 수 없을 것만 같은 공포에 시달리는 사람들입니다. 바로 사랑하는 주님을 잃은 요한과 베드로 입니다.

시몬 베드로는 따라와서 무덤에 들어가 보니 세마포가 놓였고 또 머리를 쌌던 수건은 세마포와 함께 놓이지 않고 딴 곳에 쌌던 대로 놓여 있더라 그 때에야 무덤에 먼저 갔던 그 다른 제자도 들어가 보고 믿더라(그들은 성경에 그가 죽은 자 가운데서 다시 살아나야 하리라 하신 말씀을 아직 알지 못하더라) 이에 두 제자가 자기들의 집으로 돌아가니라(요 20:6-10)

고고학자들에 의하면 어부였던 베드로는 천한 삶을 살았습니다. 그 시대에는 지금처럼 어부들이 사용하는 옷과 낚시 도구들이 있지도 않았고 배에는 레이더와 같은 첨단 장비로 어류 포획량이 많은 곳을 찾아서 그물을 내리지도 않습니다. 단지 기후와 상황에 따라 어부들이 가늠해 볼 때 좋은 그곳에 들어가 그물을 내립니다. 배나 그물에 이상이 생기면 어부 스스로 물에 들어가 직접 작업을 합니다.

가릴만한 옷이 있지도 않았던 물고기의 비릿한 냄새 나는 천한 사람들 그들이 베드로와 요한이었습니다. 스스로 부끄럽고 냄새나고 사회적인 위치에 천하디천한 그에게 예수님께서 찾아오셔서 감동의 이야기가 시작됩니다. 죄인을 찾아오신 예수님 말입니다. 첫 만남에 대해서 아실 겁니다. 자신은 죄인이니 떠나달라고 합니다. 그때 주님께서 베드로에게 유명한 말씀을 하시죠. "내가 너로 사람을 낚는 어부가 되게 하리라." 그 사건 이후로 예수님의 발치에서 조금도 떨어지지 않고 밀착해서 함께 지냅니다.

상상해 봅니다. 늘 곁에 있었던 가장 가까이에서 함께 웃고 전해 들은 말씀으로 눈물을 흘리며 깨닫고 감동하고 그렇게 동고동락한 시간이 3년 6개월입니다. 얼마나 끈끈해졌을까요. 예수님께서 잡히시던 밤에도 가까이 따르다가 함께 잡혀갈 뻔합니다. 모면하기 위해 세 번 강하게 부인합니다. 도무지 모른다고 완강하게 거부합니다. 어떤 때는 어려운 상황에서 벗어나기 위해서 회피하기도 합니다. 극심한 공포를 마주하기엔 너무나 나약한 존재이기 때문입니다. 베드로가 이해되는 이유입니다.

오늘 본문에서 베드로는 마리아가 전한 빈 무덤에 대한 이야기에 가장 먼저 달려갑니다. 하지만, 오히려 낙심하였습니다. 어쩌면 희망을 가지고 간 곳에서 완전한 절망만 가지고 집으로 되돌아갑니다. 예수님께서 일찍이 자신들에게 해주신 말씀이 하나도 기억나지 않는 것입니다. 그렇게 일상으로 돌아갑니다. 절망스러운 상황을 어떻게든 극복하기 위해 혹은 잊어버리기 위해 다시 옛 일상으로 돌아갑니다. 우리도 종종 그렇지 않습니까? 옛 모습으로 옛 일상과 습관으로 어떤 이는 술로 어떤 이는 오락으로 어떤 이는 또다시 험담과 비난으로 넋두리를 늘어 놓습니다. 그런 옛 삶이 편한거죠! 이것이 오히려 어려운 과정이 될 수 있는데 말입니다. 아, 하지만 그때!! 주님께서 찾아오십니다. 절망으로 쓰러진 그곳에 찾아오시는 것입니다. 그리고 절망으로 쓰러진 우리를 일으켜 세우십니다. And He Raise Me Up!! 우리를 일으켜 세우십니다. 베드로에게 그렇게 하신 것처럼 말입니다.

베드로는 그렇게 옛 일상으로 돌아가서 다시 냄새나는 어쩌면 지긋지긋했을 그물을 집어 들었습니다. 밤엔 잠도 오지 않았을 겁니다. 그물만 올렸다 내렸다를 반복합니다. 생각할수록 더 복잡해졌습니다. 그냥 빈 그물만 올렸다 내렸다 상념들을 털어낼 수도 없었습니다. 새벽을 지나 아침이 밝아 왔어도 몰랐습니다. 강가에 불을 피워놓고 뭔가를 굽고 있는 청년이 이야기합니다.

뭘 좀 잡았습니까! 아뇨!

그럼 배 오른편에 그물을 내려보세요!!

어쩌면 날이 새어 아침이 밝아오던 그래서 그만 접으려던 그물을 다시 잡고 내리는데 그물을 쥐고 있는 퉁퉁 부른 손끝에 153마리의 물고기들의 힘찬 움직임이 느껴지기 시작합니다. 아!! 그 뭔가를 굽고 있는 낯선 청년에게서 주님이 느껴졌습니다. 요한이 베드로에게 이야기합니다. 주님이셔!!라고 이야기하는 순간 거의 같은 타이밍에 정신이 번쩍 들면서 벗은 못을 챙겨입고 물에 뛰어 들어가 주님 계신 곳 해변으로 단숨에 갑니다. 디베랴 해변에서의 이야기입니다. 주님이 다시 찾아오셨다는 생각에 기쁨이 가득했을 그의 모습이 헤엄치다 걷다 이 물이 바다인지 내 눈물인지 하며 기쁨으로 온힘을 다해 달렸을 사도의 모습이 아른거립니다.

그렇게 하나님께서는 우리를 절망에서 일으키십니다. 우리 안에 희망을 일으키시고 다시 소망을 갖게 하시고 절망 속에서 다시 일어나게 하십니다. 다시 보드를 붙잡고 말씀을 붙잡고 일어난 베서니와 쉐넌처럼 일어서게 하십니다.

**결론**
반복적으로 다시 도전할 때 우리는 우리를 돌보시는 하나님의 사랑과 지원을 명확하게 봅니다. 베드로와 예수님의 반복적인 만남을 통해 알 수 있습니다. 하나님께서 우리를 돌보시며 우리를 위한, 우리에게 맞는 확실한 계획으로 우리에게 다시 또 다시 찾아오신다는 것을 보여주고 계신 것입니다. 성경속에 나타난 이러한 하나님의 약속들은 어떠한 절망 속에서도 우리와 함께하신다는 하나님의 강력한 의지입니다. 신앙인들의 강력한 힘이죠. 그렇게 하루하루가 일상이 매일이 힘을 얻어가는 과정이 됩니다.

매일 아침 이러한 약속을 기억하며 하나님을 찾는다면 일상이 절망을 이기는 기적이 됩니다. 매일 아침 하는 말씀묵상과 같은 신앙의 좋은 습관들을 통해 우리는 다시 숨을 고르고, 어려움을 극복해 나갈 수 있습니다. 또한 갑작스런 절망의 문제에 빠졌을 때에도 살아남을 길을 찾을 수 있습니다. 모든 것이 끝난 것 같이 주님을 잃었던 베드로와 요한뿐만 아니라 오늘 우리도 죽음을 뚫고 다시금 큰 파도를!! 거대한 물 벽을 타고 내려오는 서퍼들과 같이 살아갈 수 있습니다.

**다음 세션 소개**
날마다 주님께 기대어 사는 이들이 다시 힘을 내어 걸어 갈 수 있습니다. 세션 4와 5에서는 어떻게 단단한 신앙인으로 건강한 한 사람으로 서게 될 수 있는지를 성경 말씀을 통해 깊이 상기하며 나아가 보겠습니다.

SURFING CHURCH

RightNow Media 서핑 시리즈

# SESSION 4
파도를 타며 균형 잡기(딤전 4:7)

YouTube 링크

SURFING CHURCH

## 복습

지난 세션을 통해 실패했어도, 넘어졌어도 다시금 주님께 나아갈 충분한 이유가 있다는 것을 살펴봤습니다. 베드로와 요한을 만나주시고 또 다시 만나주시는 주님께 우리도 날마다 기대어 살 수 있게 되었습니다. 그러한 은혜로 깊은 친밀감을 회복한 우리도 이제 베드로와 같이 이렇게 물어볼 수 있습니다. '쿼바디스 도미네?'(Quo Vadis Domine?) 주여, 어디로 가시나이까? 요한복음 13장의 예수님과 사도 베드로의 대화입니다.

지금 주님께 물어보고 싶습니다. 주님 우리는 어디로 가야 합니까? 성경은 날마다 달디단 말씀에 기대어서 하나님을 의지하고 살 것을 상기시켜 줍니다. 사실상 우리는 어디를 가야 하는지가 아니라 주님께서 어디에 계시는지를 물어보는 것이 질문의 가장 중요한 핵심입니다. 그렇게 주님 계신 그곳에 앉아서 날마다 우리를 만나주시는 주님께 기대어서 어려움을 극복하고 서서히 성장합니다.

이번 세션에서는 날마다 연단하여 균형 잡힌 하나님의 사람으로 살아가는 것에 대한 이야기를 나누겠습니다.

## 본문

날마다의 연단과 훈련의 반복은 왜 필요할까요? 습관을 만들기 위한 것입니다. 그렇다면 왜, 그리고 어떠한 습관을 만들어야 하는 것일까요? 일종의 버릇을 만드는 것입니다. 우리가 아이들에게 종종 버릇없네!라고 합니다. 무엇이 없을 때 버릇이 없는 것일까 생각해봅니다. '버릇'은 무의식적으로 반복하는 행동들을 이야기합니다. 버릇없다 말은 반복되는 좋은 매너, 말투, 행동과 같은 패턴이 없다는 말입니다. 하나님의 말씀과 기도가 마음에 가득 쌓여있다면 하나님의 말씀이 삶에서 쏟아져 나와야 하는 것입니다.

하나님의 나라와 의를 구하는 사람이라면 뜻이 하늘에서 이뤄진 것처럼 오늘 내가 사는 이땅에서도 이뤄지기를 간절히 바랄 뿐만 아니라 그것이 나타나도록 매일 습관처럼 반복하는 버릇이 있을 것입니다. 그러나 버릇없네의 반대말은 버릇있네라고 쓰지는 않습니다.

좋은 버릇, 좋은 습관이 많은 사람이라면 좋은 행동과 바른 균형으로 흐트러지지 않고 자연스레 물 흐르듯이 아름다운 매일을 살것입니다. 이러한 습관은 어떻게 가능할까요? 무엇이든 특이점을 지나 예술의 경지에 이르지 않으면 물이 흐르듯 아름다울 수 없습니다. 자연스럽지 않고 아름답지도 않다는 이야기입니다.

있어야 할 것이 그 자리에 없다면 구조의 균형이 흐트러지고 아름다운 예술에서는 거리가 먼 불균형이 시작됩니다. 집을 짓는 것도 그렇고 나무를 심는 것도 그렇고 배를 타는 것도 그렇습니다. 서핑을 하는 것도 마찬가지입니다. 발이 있어야 할 위치에 있지 않으면 자세는 흐트러집니다. 보드 위에 일어서지만 급히 일어나 발과 손의 위치나 몸의 회전이 흐트러지면서 그 다음 연결동작들도 엉망이 됩니다. 그렇게 엉터리로 서핑하면 A-Z 하나부터 열까지 모두 엉성하거나 눈뜨고 보기 부끄러운 모습이 될 겁니다.

예술적으로 서핑을 하기 위해서도 정갈하고 맛있는 음식을 만들기 위해서도 음악을 연주하고 그림을 그리고 디자이너는 아름답게 디자인을 하기 위해서 우리가 아는 아주 기본적이고 지루한 루틴을 반복적으로 날마다 해야만 합니다. 그것을 오늘 본문은 '연단'이라고 말씀하고 있습니다. 망령되고 허탄한 신화를 버리고 경건에 이르도록 네 자신을 연단하라. 바울은 교회를 세워가는 제자 디모데에게 경건에 이르는 연단을 부탁합니다. 불안과 좌절로 절망으로 쓰러진 다른 이들을 가르치기에 이전에 교육하기에 앞서서 스스로를 더욱 연단하라 이야기하고 있습니다. 이 모든 것이 나 스스로를 길들이기 위한 것입니다. 멋진 하나님의 사람으로 성화하기 위해 스스로를 연단하라는 말씀입니다. 서퍼들은 던 페트럴 또는 더니를 나갑니다. 바로 새벽 서핑이죠. 여러 이유가 있지만 하나를 꼽자면 누구보다 먼저 바다에 나가 그날의 첫 파도를 타기 위한 것입니다. 아시아 퍼시픽 그룹 나라들 중 뉴질랜드와 피지가 전 세계에서 가장 해가 먼저 뜹니다. 그곳에서 새벽 첫 서핑을 나가게 되면 전 세계에서

첫번째 파도를 타게 되는 겁니다. 뭐 여러 의미 부여를 할 수 있겠지만 무엇보다도 365일 중 300일을 나가면 수준이 눈에 띄게 향상될 것이 분명합니다. 여명이 밝을 때 옷을 갈아 입고 그 차디찬 물에 발을 담그고 파도를 타기 위해 오랜시간 기다리며 연단하는 시간은 서퍼 자신만의 비밀입니다. 서퍼들이 사용하는 명언 중 '서퍼만 그 느낌을 알지'라는 말이 있습니다. 새벽이 되었던 아침이나 저녁이든 날마다 나가 파도를 잡아본 사람만이 그 느낌을 알 수 있습니다.

신앙도 크게 다르지 않습니다. 날마다 하나님께 가까이 걷는 것입니다. 믿음을 가지고 꾸준히 하는 것입니다. 잘되지 않아도 괜찮습니다. 바울은 그렇게 가르치기 전에 스스로 모범을 보일 때 디모데가 건강한 교회의 리더로 성장 할 수 있다는 이야기를 하는 것입니다. 꾸준한 것이 중요합니다. 이러한 성장을 통해 우리 모두를 포함한 신앙인들은 성화되어 가는 자신을 볼 수 있습니다.

이와 함께 사도 바울의 믿음 소망 사랑에 대한 이야기를 보겠습니다. 바울은 하나님의 나라가 그 좋은 나라가 그 거룩한 나라가 고린도 교회를 가득 채울 것이라고 믿습니다. 그렇게 매일을 살아가다 보니 하나님 나라가 이땅에 또한 각 교회에 이뤄지기를 소원하고 갈망하는 '소망'하는 삶에 이르게 됩니다. 그렇게 날마다 365일을 1년을 2년을 그렇게 5년을 10년을 살다보니 하나님을 더욱 사랑하게 되었습니다. 변화가 일어나는 과정입니다. 이것이 경건에 이르는 상태 Sanctification라고 합니다. 구원 입은 성도들에게 일어난 변화, 바로 성화입니다.

처음부터 잘되는 일은 없습니다. 스스로의 힘만으로 불가능하고 어떠한 확신이 없거나 목표가 없다면 날마다 반복하는 일은 어려울 것입니다. 구원을 얻은 신앙인이 꾸준한 영적인 훈련과 연단으로 얻는 경건에 이르는 성화는 과정이 필요합니다.

SURFING CHURCH

## 결론

우리는 삶과 인생의 파도를 타며 순간순간 균형을 찾는 과정이 필요합니다. 가파른 파도 벽을 가르며 파도를 타기 이전에 300번 넘어지고 일어서기를 반복하면서 연단합니다. 처음부터 잘 할 수 없기에 좋은 습관들이 생기기까지 반복합니다. 늘 내 곁에서 가까이에서와 먼곳에서 함께하는 이들, 함께하는 사랑의 공동체와 내 삶을 이끄시는 하나님을 기뻐합시다. 그렇게 교회와 함께 웃고 울고 땀을 흘리며 성화를 이뤄가는 것입니다.

디모데는 연단의 과정을 통해 어려움을 극복하면서 하나님의 은혜와 지혜를 받았습니다. 교회를 이끌어갈 지혜와 은총입니다. 혼자 일때도 있었고 함께 하는 공동체가 있을 때도 있었습니다. 천국을 경험한 이들이 하나님을 믿고 천국으로 들려 올라가지 않고 이땅을 걸으며 교회를 이룹니다. 흙냄새를 맡고 땀을 흘리며 울고 웃는 매일, 그렇게 함께 살아가는 공동체가 됩니다. 함께 행복해 하며 기도하고 나누는 이야기를 통해 우리는 용기와 희망을 얻을 수 있습니다. 성경의 가르침과 하나님의 약속을 기억하며, 연단하고 성장합니다. 연단으로 균형잡는 근육들이 튼튼해지는 것입니다. 이것이 실수와 성장을 넘어 성화와 성숙으로 나아가는 과정입니다.

## 적용

우리는 첫 세션부터 균형을 잃은 우리의 삶에 많은 적용점들을 찾아봤습니다. 이번 세션에는 앞서 계획한 것들이 잘 실행되고 있는지 살펴봅니다. 필요하다면 계획을 수정하고 새롭게 도전해도 좋습니다. 나에게 맞는 대안점을 찾는 것이 필요하니까요. 그리고 무엇보다 흔들리고 넘어지고 불안한 우리의 삶에 성령충만을 위해서 기도하고 말씀을 들여다 봐야합니다. 앞서 이야기 나눈 모든 것들이 건강한 한 사람이 되기 위한 믿음의 경주와 경건에 이르는 연단입니다. 하나님의 동행 곧 성령의 능력이 없이는 불가능한 일입니다.

## 다음 세션 소개

결국 우리는 하나님의 동행하심으로 문제를 파악하고 내 키보다 큰 그 파도를 타며 막혀있는 듯한 우리의 일상을, 삶을 뚫고 나아갈 것입니다. 현대사회에서 사람들은 어려운 때에 어디론가 도망(Escape)치고 싶어 하며 누군가는 게임으로, 술로, 운동으로, 좋아하는 취미로 도망치곤 합니다. 실제로 우리에게 좋은 쉼이 되기도 하지만, 도망치는 것은 궁극의 해결책이 아닙니다. 파도는 계속해서 밀려오기 때문입니다. 균형을 잡는 법을 알아야겠습니다. 신앙과 일상의 밸런스를 찾는 일이 매우 중요합니다.

마지막 세션에서는 이 모든 것을 가능하게 하시는 강력한 힘! 성령 충만에 대해서 이야기 나누어 보겠습니다.

RightNow Media 서핑 시리즈

# SESSION 5

파도를 가르며 서핑!(삼상 17:48, 엡 6:11, 13, 딤후 2:22)

YouTube 링크

## 복습

우리는 이번 시리즈를 통해 우리가 겪는 다양한 어려움과 시련을 넘어 하나님의 사랑과 신실하심을 경험할 수 있다는 것을 나눴습니다. 하나님을 의지함으로 불안과 두려움을 이겨 나갈 뿐만 아니라 꾸준한 훈련과 연단을 통해 신앙과 일상의 균형을 잡는 근육을 키울 수 있다는 것도 배웠습니다.

마지막 세션에서는 우리가 어둠 속에서도 하나님의 인도하심을 항상 느낄 수 있다는 사실을 알게 될 겁니다. 곧 불안 속에서 어두움을 뚫고 성령충만한 삶을 어떻게 살 것인가에 대해서 나누도록 하겠습니다.

## 본론

우리 신앙의 최종적인 목표가 무엇일까요? 세상적인 성공과 부를 누리는 것으로 끝난다면, 단순히 돈과 권력과 명예를 누리는 것이 최종 목표라면 교회가 아니어도 됩니다. 성공한 프로 서퍼가 되는 것이라면 교회에 있어야 할 필요가 없는 것과 같습니다.

우리 신앙의 최종 목표는 하나님의 마음에 합한 사람이 되는 것입니다. 직업을 떠나서 나이를 떠나서 성령에 충만한 사람으로 사는 것입니다. 성경에 등장하는 많은 인물들을 볼 때 그렇습니다. 그들은 모두 하나님과 함께 할 때 가장 큰 기쁨과 행복을 누리는 것을 볼 수 있습니다. 존파이퍼 목사님은 하나님이 나의 가장 큰 기쁨이라고 이야기하는 것과 같습니다. 이 세상 어떤 쾌락도 이 세상 어떤 기쁨도 그 하나님과 하나됨, 하나님의 임재 안에 있는 삶과 비교할 수 없습니다. 그리할 때 삶의 풍랑을 헤쳐 나가면서 하나님께서 보내주시는 파도를 멋지게 탈 수 있습니다.

그리고 다시 말씀드립니다. 그 어떤 멋진 파도를 타는 것보다 어떤 맛있는 커피를 마시고 음식을 먹는 것보다 이 세상의 어떤 위대한 음악적 경험보다 비교할 수 없습니다. 정말 그 안에 사는 것은 Magnificent 광대한 기쁨입니다. 세상 표현 할 수 없는 놀라움을 뛰어 넘는 그 성령의 충만함에 살아가는 것입니다. 하나님으로 충분하고 만족된 상태인 것이죠. 그리고 그러한 삶을 사는 이들을 피조물이 기대하고 있다고 성경도 말씀하십니다.(롬 8:19)

사실 하나님을 믿고 구원받은 순간부터 지금까지 우리는 그 사랑의 아낌없는 지원과 지지를 받고 있습니다. 성장하고 성화 되어가고 있기 때문입니다. 이는 성령 하나님께서 나와 우리 교회를 끌어가시는 방법이기도 합니다. 교회는 성령 하나님을 통해 새로운 희망과 새로운 가능성을 늘 발견해 왔습니다. 인생의 거센 파도 속에서 우리를 지키시는 하나님은 그분 자신을 발견할 방법과 실마리들을 우리의 삶 속 곳곳에 남겨두십니다. 이것이 우리가 파도를 가르며 균형을 잡고 나아가는 과정에서 꼭 발견해야 하는 것입니다. 결국 문제를 파악하고 내 키보다 큰 인생의 파도를 타며 삶을 뚫고 나아가기 위해서 성령님의 충만하신 능력이 절대적으로 필요합니다.

두 번째 세션에서 나눴던 다윗과 골리앗 이야기를 다시 봅니다. 블레셋 사람이 일어나 다윗에게로 가까이 왔다고 기록하고 있습니다. 그런데 저자는 구절의 후반절에 완전히 다른 역동성을 띠고 다윗을 묘사합니다.

다윗이 블레셋 사람을 향하여 빨리 달리며!!(삼상 17:48)

와 너무 멋지지 않습니까! 골리앗을 향하여 빠르게 달리는 다윗! 상상만 해도 짜릿한 승부가 기대되는 순간입니다. 다윗은 뭔가를 봤습니다. 뭔가를 봤고 뭔가를 알고 있었다는 것입니다. 아무도 보지 못하는 뭔가를 봤다는 것입니다. 골리앗의 빈틈 같은 것입니다. 뚫고 들어갈 돌파구 같은 것을 본 것입니다.

서핑에는 16초가 넘는 간격으로 거대한 파도가 들어옵니다. 저 멀리서 물결이 오르기 시작하는데 20명 정도 되는 사람들은 모두 한자리에 앉아 있지만 유독 한 사람만 더 멀리 나갑니다. 뭔가를 본 거죠. 거대한 파도의 물결이 올라오고 있습니다. 19명은 허둥지둥 물살에 쓸려나갑니다. 빠르게 물결을 치고 나간 그 한 서퍼를 빼고 모두 쓸려 내려갑니다. 그리고 그 서퍼는 키를 훌쩍 넘기는 거대한 파도를 타고 물 벽을 가르며 내려옵니다. 하나님의 파도와 나! 파도와 나!! 결국 문제를 파악하고 내 키보다 큰 그 파도를 타며 삶을 뚫고 나아가려면 준비가 되어야 합니다. 그렇게 파도가 계속해서 밀려온다면 우리는 준비가 되어 있어야만 합니다.

불안과 두려움에 빠지지 않고 균형있는 신앙과 일상의 밸런스를 찾는 일이 매우 중요합니다. 또 구원의 기쁨을 누리며 성화된 신앙인으로 살면서 행복을 유지하는 삶도 중요합니다. 그러나 이를 가능하게 하는 이것이 가장 중요합니다. 바로 성령 충만입니다.

성화의 과정은 자기 계발과 유사하지만, 분명한 차이가 있습니다. 현대의 동기부여 연설가들은 감동과 함께 장단기 기획을 통해 단계적 성장을 이끌어 줍니다. 여기에 때때로 삶에 필요한 영감을 더해주기도 합니다. 이러한 감동과 성장은 개인의 성장에 있어서 분명히 유익합니다. 하지만 여기에 성령의 충만함은 없습니다.

우리 크리스천들은 성령의 충만함으로 오늘을 살아가는 사람들입니다. 성령의 충만함은 어떤 고상한 능력이 아니라 하나님 말씀의 충만함입니다. 사랑의 충만함입니다. 하나님을 향한 이야기가 충만한 상태입니다. 모든 것이 하나님으로 충분히 만족하여진 상태입니다.

그렇게 되기까지 베드로와 제자들은 예수님의 승천 이후, 말씀과 기도에 힘쓴 것이죠. 심지어 주를 섬겨 금식하며 기도합니다. 그리고 가득 찬 충만한 상태에 이르렀습니다. 그렇게 성령충만은 기도의 충만이요 말씀의 충만이요 곧 사랑의 충만입니다. 이 세 가지가 충족된다면 우리는 성령의 열매를 삶 속에 맺게 됩니다. 곧 베드로와 제자들이 다락에 모여 성령을 받기까지 기도한 것과 같습니다. 이러한 사람들을 피조물이 고대한다고 이야기하고 있습니다.

## 예화

1977년 호주에서 16세 십대였던 브렛 데이비스는 스스로 그리스도인이면서 서핑할 때는 완전히 다른 사람이라는 생각을 했습니다. 크리스천의 모습은 전혀 찾아볼 수 없었던 것이죠. 교회 공동체 친구들을 봐도 스스로를 봐도 전혀 그리스도인처럼 살지 않았답니다. 그런 갈등이 오래되면서 하나님께 기도합니다. 이제 서핑을 그만하고 하나님만을 더욱 사랑하는 사람이 되겠다고 했지만, 하나님의 뜻은 달랐습니다. 오히려 그 주 주일 설교를 통해 자신이 하는 것들을 도구로서 하나님께 영광 돌릴 수 있다는 것을 깨닫게 됩니다. 그때부터 Big C Small S로, 살기로 결심합니다. 큰 위대한 크리스천의 삶을 살고 서핑은 차선으로 밀려난 것이죠. 그리고 크리스천 서퍼스가 시작됩니다. 브렛은 성령에 충만했던 것입니다. 성령에 충만해서 오직 하나님을 위해 오직 말씀으로 살았던 10대의 결과입니다.

## 결론

이렇게 하기 위해서는 말씀과 기도의 삶이 오래 쌓여야 합니다. 머릿속이 말씀으로 기도로 가득해야 합니다. 그것이 기도문을 외는 것이든 곡조가 있는 기도로 예배 곡들을 늘 듣고 부르는 것이든 하나님을 생각할 수 있는 것들로 가득해야 합니다. 그런데 그렇게 하는 것이 쉽지 않습니다. 곧 디모데후서 2:22 청년의 정욕을 피하고 주를 깨끗한 마음으로 부르는 자들과 함께 의와 믿음과 사랑과 화평을 따르는 것이 쉽지 않습니다. 그렇다면 흉내 내는 것입니다. 바울은 디모데에게 흉내 낼 것을 이야기합니다. 예수님을 따라 하는 것입니다. 예수님께서 말씀하신 스스로를 부인하고 자기 삽지가를 지고 나를 따르라고 말씀 하십니다. 이것을 바울이 완전히 이해하고 디모데에게도 그렇게 하라고 자신의 언어로 이야기하는 것이 이 말씀입니다.

그리고 에베소서 6장 11-13절 말씀과 같이 삶의 균형이 갖춰지면서 하나님의 전신 갑주를 입고 흔들림이 없이 모든 전쟁을 치른 후에도 능히 설 수 있게 되는 것입니다. "마귀의 간계를 능히 대적하기 위하여 하나님의 전신 갑주를 입으라 그러므로 하나님의 전신 갑주를 취하라 이는 악한 날에 너희가 능히 대적하고 모든 일을 행한 후에 서기 위함이라."

## 적용

이제 날마다 하나님의 말씀을 묵상하는 시간뿐 아니라 깊이 기도하는 시간도 정해봅니다. 이전에는 주께 기대어 쉼을 누렸다면 이제부터는 말씀과 기도로 스스로를 더욱 성령이 충만해지도록 전사와 같은 마음을 정하고 하나님께 나아가는 것입니다.

# SURFING CHURCH

**서핑 처치: 파도 타는 교회**

**1판 1쇄** 2025년 7월 28일

**지은이** 제레미 윤

**발행인** 황인권
**디자인** 인권앤파트너스
**사진** Christian Surfers International, 윤지훈, 박성민, 김지환, 허덕환, 제레미윤
**인쇄** 세종씨앤피

**발행처** 인권앤파트너스
**주소** 서울특별시 마포구 토정로 35길 11 5층 5559호(용강동, 인우빌딩)
**등록일** 2013년 3월 22일
**등록번호** 제2025-000001호
**전화** (02)792-1640
**이메일** dg1996@daum.net
www.inkwon.com

ISBN 979-11-90483-21-6(03230)

이 책에 실린 모든 내용은 저작권법에 따라 보호를 받는 저작물이므로 무단 전재와 무단 복제를 금합니다.
ikp는 '인권앤파트너스'의 출판 임프린트입니다.